拿破崙

法蘭西人的皇帝

NAPOLEON

A LIFE

BY

PAUL JOHNSON

保羅·約翰遜

李怡芳◎譯

NAPOLEON

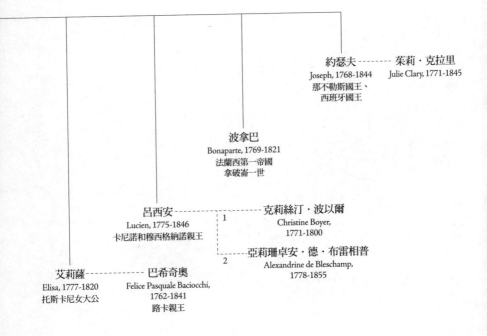

約瑟夫
Joseph, 1768-1844
那不勒斯國王、
西班牙國王

茱莉・克拉里
Julie Clary, 1771-1845

波拿巴
Bonaparte, 1769-1821
法蘭西第一帝國
拿破崙一世

呂西安
Lucien, 1775-1846
卡尼諾和穆西格納諾親王

1

克莉絲汀・波以爾
Christine Boyer,
1771-1800

2

亞莉珊卓安・德・布雷相普
Alexandrine de Bleschamp,
1778-1855

艾莉薩
Elisa, 1777-1820
托斯卡尼女大公

巴希奇奧
Felice Pasquale Baciocchi,
1762-1841
路卡親王

✣ 拿破崙家族 I ✣

費許
Joseph Fesch, 1763-1839
萊蒂西亞同母異父弟，
里昂大主教、樞機主教

萊蒂西亞
Letizia Ramolino
1750-1836

卡羅
Carlo Maria Buonaparte,
1746-1785
科西嘉律師、路易十六
朝廷的科西嘉代表

伊莉莎白・派特森
Elizabeth Patterson,
1785-1879

1

傑霍姆
Jérôme, 1784-1860
西伐利亞國王

卡特琳娜
Catharina of Württemberg,
1783-1835
符騰堡王國公主

2

約阿辛・穆哈
Joachim Murat, 1767-1815
法國陸軍元帥、
那不勒斯國王

卡洛琳
Caroline, 1782-1839
里坡拿女伯爵

查爾斯・勒克萊爾
Charles Leclerc, 1772-1802
法國陸軍將軍

1

寶琳
Pauline, 1781-1825
瓜斯塔拉女大公

卡米洛・博蓋塞
Camillo Borghese,
Prince of Sulmona, 1775-1832
蘇莫那親王

2

奧坦絲・德・
博阿赫內
Hortense de Beauharnais,
1783-1837

路易
Louis, 1778-1846
荷蘭國王

路易－拿破崙
Louis-Napoleon Bonaparte,
1808-1873
法國第二共和總統、
法蘭西第二帝國拿破崙三世

✣ 拿破崙家族 II ✣

1

約瑟芬・德・博阿赫內
Joséphine de Beauharnais,
1763-1814
法蘭西第一帝國皇后

亞歷山大・德・博阿赫內
Alexandre de Beauharnais,
1760-1794
博阿赫內子爵

奧古斯塔
Augusta of Bavaria,
1788-1851
巴伐利亞王國公主

歐仁・德・博阿赫內
Eugène de Beauharnais,
1781-1824
義大利總督、艾克斯泰親王

路易・波拿巴
Louis Bonaparte, 1778-1846
荷蘭國王

奧坦絲・德・博阿赫內
Hortense de Beauharnais,
1783-1837
荷蘭王后

路易－拿破崙
Louis-Napoleon Bonaparte,
1808-1873
法國第二共和總統、
法蘭西第二帝國拿破崙三世

拿破崙・波拿巴
Napoleon Bonaparte,
1769-1821
法蘭西第一帝國
拿破崙一世

2

瑪麗－露意莎
Marie Louise of Austria,
1791-1847
奧地利帝國公主、
法蘭西第一帝國皇后、
帕爾馬女大公

亞當・馮奈伯格
Adam Albert von Neipperg,
1775-1819
馮奈伯格伯爵

拿破崙二世
Napoleon François
Charles Joseph Bonaparte,
1811-1832
法蘭西第一帝國皇儲、羅馬王

瑪麗亞・瓦萊斯卡
Maria Walewska, 1786-1817
瓦萊斯卡伯爵夫人

阿西納修斯・瓦萊斯基
Athenasius Colonna-Walewski,
1732-1798
瓦萊斯基伯爵

亞歷山大・瓦萊斯基
Alexandre Colonna-Walewski,
1810-1868
瓦萊斯基伯爵

✣ Contents ✣

INTRODUCTION

引言

✣ ✣ ✣

拿破崙・波拿巴在歷史上的影響力，少有人能及。對那些主張事件是由外力、階級、經濟與地緣所主宰，而非由世間男女的強烈意志所驅使的決定論者，他就是最強而有力的反駁。雖然波拿巴僅僅掌權十五年，他的衝擊卻一直持續到二十世紀末，在身後延燒了將近兩百年之久。的確，他的影響力可能仍未消退。人們愛閱讀他的一切，以及他那引人注目的崛起，就如同羅馬時期與中古世紀人們閱讀亞歷山大一樣。而他們省思著這個問題：如果在類似的環境裡，我也能做到嗎？胸懷雄心壯志者很少不將拿破崙視為典範或是一種鼓舞。值得注意的是，掌握不同形式的權力、並且渴求更多的人——比方說媒體大亨——當中，有多少以拿破崙式的紀念品裝飾辦公室，或甚至妝點他們自己。

本書的一項主張即是，波拿巴並不是個理論家，而是一個機會主義者，他抓住了法國大革命這個意外，將自己推進了至高的權力。我說「意外」是因為英國與斯堪地那維亞國家的例子顯示出，那些法國激進分子以武力與鮮血所引發的、令人心生嚮往的改革，其實能藉著和平的手段達成。於是，大革命的恐怖過程導致了無可避免的專制政治，而波拿巴正是其受益者。一旦坐上了權力的寶座，他就不懈地追求更高的權力，將其統治擴張到幾乎涵蓋整片歐洲。他似乎從來沒有想到要研究一下當時的資深典範喬治．華盛頓。華盛頓將軍事的勝利轉化成文明的進程，並且以律法的統治取代了武力的宰制，但波拿巴總是將他的信任託付在刺刀和槍砲上。最後，武力是他唯一懂得的語言，而武力最終也對他做了充滿敵意的宣判。

在此同時，波拿巴亦在歐洲釋放了歐陸從未體驗過的、最具毀滅性的戰爭。史上頭一遭，大規模的徵兵制度為壯大軍隊扮演了顯著的角色，而交戰就成了整個民族的戰鬥。在戰事進行時，軍隊的傷亡持續增加，人民的苦難也與時俱進。先是義大利，再來是中歐，最後西班牙和俄國也成了波拿巴征服之戰的受害者。尤其是德語區，一而再、再而三地遭受戰火蹂躪，對波拿巴的終極反感成為創造德意志民族主義的關鍵角色，而它本身日後也成了侵略與威脅的力量。全面戰爭的新概念於焉誕生，其他機構也伴隨而來：秘密警察；大規模的專業間諜；政府文宣機器；以及偽裝成民主運動、選舉與公民投票的假動作。法國本土雖然只在戰爭的最後階段才成為戰場，但是亦受創嚴重，其中有些損失是永久的。當其他歐洲國家的人口都在快速增長的時候，法國卻減緩並進入停滯。於是無可避免地，法國作為歐洲領導強權的地位開始滑落至二線地位——那是波拿巴為這個他所歸化的國家留下的真正遺產。

波拿巴法國的軍事垮台後，群集於維也納的政治家不僅決心要修復舊時世襲君主的王位，也盡可能地要修繕之前維繫和平的慣例與規範，或是起碼在戰爭爆發時縮減敵意的衝擊。維也納會議應該被視為史上最成功的和平協定之一。除了一些例外，它確定了下一世紀的歐洲疆界，儘管並未避免所有的歐洲戰爭，但它讓一場燎原大火的發生機率大為降低。大致說來，十九世紀是和平、進步與繁榮的時代，直到一九一四到一九一八年間，這個舊體制終於崩壞為止。

然而在此之後，由於法國決定要將這位死去的領導人視為國家英雄和世界楷模，波拿巴遺風也就蓬勃起來。第一次世界大戰本身是一種學習自波拿巴的全面戰爭。而在跟著興起的無政府政治狀態中，新品種的意識形態獨裁者採用了波拿巴政府的策略作為範本，首先是在俄羅斯，接著義大利，最後發生於德國，還有許多小國家也都跟進。二十世紀的極權主義，正是拿破崙現實與迷思的終極後裔。因此，我們的確應該要研讀波拿巴波瀾壯闊的經歷，不帶浪漫成分、抱持懷疑地，並且上窮碧落下黃泉地追索。在二十一世紀的開端，我們如此焦慮於要避免二十世紀的悲慘錯誤，那就應該要從波拿巴的一生中學到何者堪慮、何者須防。

CHAPTER ONE

第一章
科西嘉島的出身

✣ ✣ ✣

一七六九年八月十五日，拿破崙・波拿巴誕生在科西嘉島上的阿亞修城。弔詭的是，這樣一位雄霸天下的人物，一生竟然為三座小島所牽絆：科西嘉島，不及威爾斯的一半，也不比佛蒙特州來得大；厄爾巴島，又小了許多，卻嘲弄著他的豐功偉業；至於聖赫勒拿島，更渺如滄海一粟，但卻是他的死牢。一七六九年也是出生的好年份：打垮波拿巴的勁敵——威靈頓公爵，以及支持威靈頓的政治家卡斯爾雷子爵，都在同一年出生[1]。而在這年前後降臨於世的，還有許多即將引領風騷的靈魂人物：夏多布里昂和斯達爾夫人兩位，亦是波拿巴的死對頭[2]；華茲華斯以及柯爾律治，分別以散文和詩來咒罵他；貝多芬，將他的《英雄交響曲》獻給了「第一執政」，而在波拿巴登基為帝時憤而撕毀樂譜；黑格爾與史列格爾，安德魯・傑克森和約翰・昆西・亞當斯，喬治・坎寧、梅特涅[3]，以及華特・史考特爵士[4]，亦生逢此時。

從其他方面看來，這一年也是個好年份。由紡織業領軍，英國的工業革命正在起飛；而在博塔尼灣登陸的庫克船長則將最後一片大陸——澳大拉西亞——納入西方的版圖。但是，科西嘉島距離這些以及其他的偉大事蹟非常遙遠。它貧瘠、荒涼、飽受漠視與剝削，不管是在政治上或經濟上，都無足輕重。恰恰在一百年之後，英國畫家愛德華・里爾帶著他的素描工具來到這座小島，對其外觀做了才華洋溢的描繪，那是一整個世紀都未曾改變過的樣貌：嶙峋多變的山脊、幾乎無從穿透的針葉林、廣袤的岩野和罕見的激流、無垠且荒蕪的灌木叢，當地人稱為「le maquis」，這字後來成了游擊隊出沒地的同義詞。科西嘉島的總收入非常微薄，歐洲宮廷幾乎認為它一文不值。英國在十八世紀曾兩度佔領，也兩度棄守，因為它帶來的麻煩大於收益。數百年來，它都是由義大利的城邦熱那亞所管轄。當熱那亞是地中海區域僅次於威尼斯、最富有的海上勢力時，攻下了科西嘉島。但是熱那亞的統治並未從巴斯提亞、卡爾維、邦尼法修等海邊城鎮滲透至內陸。根本無利可圖啊。於是當地的叛軍就主宰內地，並且

1 威靈頓公爵（Arthur Wellesley, 1st Duke of Wellington, 1769-1852），英國軍事家、政治家。一八一三年領導盟軍成功擊敗法軍後任陸軍元帥。一八一四年拿破崙被流放厄爾巴島後，出任駐法大使，獲冊封為公爵。一八一五年的滑鐵盧戰役聯同布呂歇爾擊敗拿破崙。從政後兩次出任首相，是托利黨時代的最後一位首相（托利黨在一八三四年解散）。終生擔任英國陸軍總司令。

卡斯爾雷子爵（Robert Stewart, Viscount Castlereagh, 1769-1822），愛爾蘭政治家，推動愛爾蘭與英國正式合併，曾任外務大臣，於一八一四年至一五年代表英方出席維也納會議，在擊敗拿破崙與恢復和平上有高度成就。

2 夏多布里昂（François-René de Chateaubriand, 1768-1848），法國浪漫主義代表人物，著有《阿拉達》、《勒內》、《基督教真諦》、《墓畔回憶錄》等作品。雖然同情大革命，但仍加入保皇黨軍隊，後得到執政府特赦。拿破崙時期曾隨費許主教赴羅馬擔任使館秘書，在聽到昂基安公爵遭到處死的消息後，開始公開反對拿破崙。

德・斯達爾夫人（Germaine de Staël, 1766-1817），瑞士籍法國作家。追隨母親經營文學沙龍，以推介德語作家的浪漫主義作品負盛名。在政治上歡迎革命的到來，但支持君主立憲，曾因此流亡英國。霧月政變後對拿破崙感到失望，由於在作品中提出對拿破崙的批評而導致不斷流亡。

3 梅特涅（Klemens von Metternich, 1773-1859），出生在德國的奧地利政治家。曾在奧地利皇帝法蘭茲一世與斐迪南一世任內先後擔任外交大臣與首相，不僅促成瑪麗－露意莎與拿破崙的聯姻，主導第六次反法同盟及協助流放拿破崙，也是戰後召開維也納會議的主席。

4 華特・史考特爵士（Sir Walter Scott, 1771-1832）蘇格蘭浪漫主義作家，《劫後英雄傳》作者，曾於一八二七年出版九卷《拿破崙・波拿巴的一生》（*The Life of Napoleon Buonaparte*），遭托利黨人批評為過度美化拿破崙。

不時攻擊那些圍起城牆的海岸城鎮。在一七六〇年代，逐漸衰頹的熱那亞轉向法國求援，法國允以協助。但由於法國人憎惡耶穌會，並在國內禁止其活動，而熱那亞卻是採取寬容政策，這樣的歧見導致法國撤軍。一七六七年，叛軍拿下了阿亞修城。這是壓垮熱那亞的最後一根稻草。在一七六八年的協商之後，整座島以一筆微不足道的價錢賣給了法國。對於波拿巴來說，此事至為關鍵。因為在隔年出生的他，自動地成為法國公民。

並不是每個人都鄙視科西嘉。尚－賈克·盧梭曾在《社會契約論》中評論道，當歐洲政府處於一片貪腐時，只有一個小國仍然能以一種充滿單純性格的原始精神，立法與之對抗。那就是科西嘉。他並補充說，他可預見這座自然的小島，有朝一日必能令歐洲刮目相看。結果島上的叛軍發出邀請，希望賢人能到科西嘉起草憲章，以作為他們以武力取得獨立時的立國根據。盧梭沒去，卻說服了他一位年輕的朋友詹姆·包斯威爾，將此島排入他的壯遊行程中。包斯威爾便是後來為約翰遜博士作傳的傳記作家[5]。盧梭還安排他會見叛軍的領導人，也就是擁有「人民將軍」頭銜的帕斯夸雷·保利[6]。包斯威爾去了，並與保利建立了長達一生的崇敬與友情。旅程中他留下了栩栩如生的紀錄，有些在日記裡，有些則在回到英國之後出版成書。這本關於科西嘉的著作令他聲名鵲起，從此人稱「科西嘉的包斯威爾」，並且在歐洲擁有廣大的讀者。其中一位便是波拿巴。這本書讓他有了一些想頭。

這並不是說波拿巴曾經有想要成為科西嘉解放者的野心。那是保利徒勞無功的角色，而他最多也就是整個獨立運動中的「小咖」而已。對波拿巴這樣背景的人來說，他的未來不在內陸而須外求——在那公海之上，以及公海之外的廣闊大陸裡。人們總是進出著科西嘉島。在海岸城鎮的野心分子之間，根本不存在著內陸那種永恆的穩定性。波拿巴家族原本是來自於十六世紀托斯卡尼的小貴族。在阿亞修，他們成為世襲的律師，同時也保持著貴族的頭銜，坐擁十六個先祖貴族頭銜徽飾的紋章。靠著小小的家業，他們得以擁有自己的房屋和庭園，還能雇請僕傭。自稱為卡羅・馬利歐・達・

5 尚－賈克・盧梭（Jean-Jacques Rousseau, 1712-1778）日內瓦哲學家，《社會契約論》（一七六二年出版）作者，其思想對法國大革命，對近代政治、社會、教育思想影響深遠。約翰遜博士（Dr. Samuel Johnson, 1709-1784）英國史上最傑出的文人之一，花了九年時間編纂《約翰遜字典》（一七五五年出版）。詹姆斯・包斯威爾（James Boswell, 1740-1795）蘇格蘭作家，《約翰遜傳》（一七九一年出版）的作者。

6 帕斯夸雷・保利（Pasquale Paoli, 1725-1807），科西嘉政治家、愛國者。保利家族於一七三〇年代開始領導科西嘉人反抗熱那亞的統治，曾隨父親逃亡國外，一七五五年返回科西嘉，創辦大學、組建艦隊、開採礦山。一七六八年，科西嘉被熱那亞出售給法國，法軍登陸後，保利逃往英國，一七八九年方獲准返回科西嘉。

博歐拿巴的傢伙，娶了十四歲的萊蒂西亞，她也有遙遠的義大利貴族血統，不過其家族已經和野蠻內陸的小地主頻密通婚。她為他留下了八個孩子，其中老二便是拿破崙，或稱為拿布倫，這是他出生時登記的名字。這個後來代表一個時代的名字其實本身並沒有意義。他的父親只是學他祖父，給老二取了同樣的名字。波拿巴很少用它。一項以拿破崙留下來數以千計的簽名所作的研究顯示，他總是簽「博歐拿巴」，後來變成「波拿巴」。不管是在正式場合或是私底下，他所有的朋友、甚至他的第一任妻子約瑟芬，都以此名來認識他、稱呼他。這亦是我在本書中使用的名字。當他稱帝之後，他才因為皇室禮節之故，不甘不願地以拿破崙為名，他的第二任太太也這樣叫他。但他幾乎很少簽拿破崙的全名，只簡單潦草地簽「Nap」或是「Np」。有時他也會忘了自己的新身分而簽下「波拿巴」。

除了耶穌基督這唯一的例外，波拿巴是最常被寫成書的人。這些書總是每隔一段時間就會出現，以英語和法語居多，但也有許多其他的語言，並且廣為流傳。對出版商來說，拿破崙的傳記光是題材本身，就比其他的傳記都來得容易銷售。這些書幾乎都繞著波拿巴的家庭或其萬丈雄心的基因來源打轉。一般咸信他個性中的冷酷性格來自於母親，因為英年早逝的父親顯然沒有起多大作用。母親大人是嚴母型。因此有些傳記家認為他的好戰性格是來自於科西嘉島的蠻荒血統，尤其是他們嚴格奉行血債血還的異教徒信仰。但怪就在怪這兒，在波拿巴各種殘暴的個性中，較為缺乏的就是報復這種類型。也許有些難以預料，但他確是出乎意外地能寬宥別人帶給他的傷害。雖然這不常發生，但也夠令人驚訝了。除了讀過包斯威爾的書，並且從中得到與此小島無關的領會之外，他一旦離開後，對這個地方就再也沒有任何興趣。他從未回去過。在他政治地緣的計算中，科西嘉島從來不是他的考量。另一方面，他也沒有對自己的出身表現出難為情的樣子。他僅僅是將它從心中的第一線揮去，因為在他野心的運籌帷幄中，科西嘉太微不足道了。

傳記學者的另一個理論是，波拿巴正好呼應其托斯卡尼祖先的傭兵性格：一個只要有人出高價就能夠賣出寶劍的投機士兵，他在戰爭中獲利並且開創新朝代。在一七六八年法國接管之前，科西嘉的確以義大利為尊，除了地理上接近之外，義大利也供給其書寫文字與文化。但是對於義大利這個國家，波拿巴從未流露任何感情。他同意梅特涅對它的定義：「那僅僅是一種地理上的說法。」當他稱自己的兒子和繼承人為「羅馬王」，指的是一個截然不同且更為遠古的政治實體。他對那些歷史古城也沒有任何情感，只是把它們當成敵人手中奪之而後快的金幣或銀幣，好用來獎賞他的家族成員與盟友。至於義大利人嘛，他鄙視他們。

就像每個阿亞修的科西嘉人一樣，他將眼光往外投向海洋，像個小男孩似地仰慕皇家海軍，他們遠離家園，自信地遨遊於地中海的汪洋之中。他曾表達過想加入英國海軍、成為見習軍官的意願，希望有朝一日能夠指揮那些偶爾停泊在港口的三層軍艦，它們光鮮錚亮，塗了白黏土，漆得好時髦，甚至令人肅然起敬。但那需要錢，乃至於更大的興致（不管是影響力或是吸引力），這些他的家庭都付之闕如。而時間點一過，這事也就過了。但仔細想想他這早期的野心倒令人感到好奇，如果他幼時的幻想能被滿足的話，不知道歷史會演變成如何不一樣的光景。波拿巴小時候在數學上展現突出的天賦，這才能跟了他一輩子，並且對他的職業有無法估量的價值。不過假使在海上，這對他來說也會非常有用，而且毫無疑問地，他一定也能在海軍裡步步高升，而成為納爾遜[7]的對手。海洋一直在召喚著野心勃發的科西嘉人，卻終究成為他致命的敵人。他無法理解海洋在策略上真正的重要性，海軍在地緣政治學的這塊領域也始終令他困惑——他最後的、終極的錯誤，就是在一八一五年七月十五日踏上柏勒羅豐號，從此失去自由之身。波拿巴和英國對抗所受的苦部分源自於，他相信英國海上強權所賦予他們的權力，是不太自然、甚至是不公平的。英軍在海上不義而成功地堵住了他的去路，讓波拿巴在沮喪之下，只好進入「大陸封鎖」這無窮盡的迷宮中，後來證明了這是導致他垮台的顯著因素。

還有一次、也是僅有的一次，波拿巴差點加入傭兵的行列。他當時已受訓並且被任命為法軍軍官，但因為不滿升遷太慢，他曾考慮要投效土耳其的蘇丹，如同當時許多歐洲軍官一樣。然而，一個在法軍裡升官的機會及時出現，所以這個時間點也就溜走了。從性格上看來，波拿巴不是當傭兵的料，但也不是愛國主義者。不管在世俗或是宗教上，他都不會感情用事。如果形而上的力量對他有任何作用的話，他其實還蠻迷信的。他相信星座，就像他所崇拜的古羅馬人一樣（假使他有崇拜任何人的話）；他覺得他自有天命，幾乎終其一生深信不疑。儘管他確信命運的安排，但他也堅決地用自己的智力、蠻力和意志，在各種事件中爭取自己的命運。在物質層面的算計中，他看得非常清楚而且始終如一。他並不像傭兵一樣需要一位雇主，也不像愛國主義者

7 納爾遜上將（Horatio Nelson, 1st Viscount Nelson, 1758-1805），十二歲以海軍軍校學生身分加入海軍，開啟征戰生涯。一七九四年圍攻科西嘉時被砲彈傷及右眼失明，一七九七年失去手臂，一七九八年在尼羅河戰役重挫法軍，一八〇一年哥本哈根戰役帶領皇家海軍勝出，一八〇五年的特拉法加戰役擊潰法國及西班牙組成的聯合艦隊，粉碎拿破崙橫掃歐洲的企圖，但也在該場戰事中彈陣亡。

需要一個虛幻的理想，他要的是權力的源頭，好讓他奪取，以獲得更多的權力。所以他自問，最近的權力來源在哪呢？答案昭然若揭：法國。

也因此波拿巴的生年有其重要性，這讓他成為了法國王室的子民。而好運還不止於此。從一七七二年到一七八六年，科西嘉的實際領導人——雖然管轄範圍只有那些城牆高築的海港都市——是一位布列塔尼的貴族，馬必夫伯爵。他在當地建立了自己的政黨，卡羅．波拿巴也在其中。卡羅幾乎是身無分文了，但他還有貴族血統，所以馬必夫能讓他以當地貴族代表的身分去凡爾賽。當他遠行時，六十歲高齡卻風流成性的馬必夫，得以好整以暇和萊蒂西亞展開婚外情（至少證據是這樣顯示的）。而為了回報，他用一筆基金每年提供六百個就讀高級法國學校的名額，只要這些貧困的法國家長可以證明他們是貴族出身。如果說波拿巴家一無是處的話，這點他們倒還做得到。一七七八年十二月三十一日，戰爭部的公報刊出一所皇家軍事學校的名冊，九歲的小波拿巴便在其中。他的大哥約瑟夫也享有類似的特權。馬必夫在歐坦的一間預備學校裡，為他們安排了兩個免費的名額。

於是，波拿巴和哥哥約瑟夫就在隔年年底前往法國。一開始先學法文，這是他們晉身波旁王朝公職體系的起點。在歐坦待了一年後，接著又在布希安的軍事學院唸了五年，然後到巴黎的軍官研究院進修一年。這七年讓波拿巴蛻變成一位專業的法國軍人。其中有兩件事引起了他的注意。首先，因為軍人是舊政權裡享受特權的受俸階級，僅僅是學生的預官就能過著相對奢侈的日子。當他在法國軍隊中有決定權時，他把這些通通砍掉了——包括軍官在內的所有成員，都要展現他們勝戰的能力、以及想要確保勝利戰果的貪欲，才能得到舒適的生活。其二，他體會到善用自己的數學能力有多麼重要。這讓他順利地從研究院畢業（五十八人裡的第四十二名），並且被任命為拉斐爾砲兵團的少尉。對一個副官來說，這是很好的起點，因為它不像衛兵或騎兵團一樣，需要金錢或是影響力才能加入。但更重要的是，波拿巴開始持續注意戰爭中數學計算所扮演的角色：所要涵蓋的距離；行軍的速度和路線；補給和牲口的數量；這些運輸所需要的交通工具；軍火在不同的交戰中所使用的比率；人和牲口的替代率；在疾病、戰役以及棄守時的人員消耗數目——十八世紀軍事後勤學的所有元素。他養成了一個在大腦裡直接運算這些問題的習慣，這樣就更容易下達命令。他也變成了一個地圖解讀大師，幾乎像天才一樣，能從一張二度空間的、常常不可靠的印刷紙上，想像出地形和地勢。在那個時代極少有年輕軍官具備這項技能，或想花時間練就這門功夫。如果被問到，一列完整的攻堅隊伍從法國凡爾登的堡壘開到維也納的市郊需要多少時間，當時大多數的軍官只會挑眉聳肩，或是瞎猜一通。波拿巴則會參考地圖，然後給出確切日期和時間的答案。這樣對於戰爭的計算方式，讓波拿巴不只是個戰術家而已。他天生是個策略家的料——一個貨真價實的地理戰略家。

同時，他也很快地成熟了，長足自己五英呎五英吋的高度，蒼白、瘦削、憂鬱，平直而深色的髮絲垂在寬闊的前額。他對飲食不感興趣，如果可以自己決定的話，他能在十分鐘內吃完一頓飯，且從不豪飲。沒人見他喝醉過。他不完全是一個獨行俠，因為他其實喜歡為同志訂下規則；但他也安於獨處，不管在學院或是研究院裡，他都沒有結交終生的朋友。童年和青春期就這樣飛逝而去。一七八五年二月，他的父親死於胃癌。雖然才十五歲又是次子，但大家一致同意，讓波拿巴越過忠厚優柔的約瑟夫，取代父親的地位而擔任一家之長。約瑟夫在那一年之前已決定要放棄軍人職業，追隨父親的腳步成為一位律師。在波拿巴的大起大落中，他是一個自願但徒勞的工具。他們的弟弟路易，則較為服從波拿巴的計畫，在其麾下從軍，後來受封為「荷蘭王」；然而因健康不佳以及缺乏野心，迫使他在一八一〇年退位，從此淡出政壇。最小的弟弟傑霍姆，在精力和企圖心上與波拿巴最為相似，他得到西伐利亞王國作為獎賞，並且參與了許多重要戰役，包含了俄法戰爭以及滑鐵盧之役。滑鐵盧之後他被放逐，直到路易的兒子，也就是拿破崙三世，在法國重建家族的運勢為止。在波拿巴的妹妹中，最大的艾莉薩嫁給科西嘉人巴希奧奇親王——後來被拿破崙封為皮翁彼諾親王；但她很快就離開他，後來成為托斯卡尼的女大公。寶琳是姊妹中最漂亮的，她先與波拿巴的西印度指揮官查爾斯．勒克萊爾結褵，然後改嫁羅馬親王卡米洛．博蓋塞；在其家族宮殿中，還可看到安東尼奧．卡諾瓦[8]為她所刻的、斜倚半裸的雕像。最年幼的妹妹卡洛琳也是最靠不住的，嫁給了波拿巴的騎兵指揮官約阿辛．穆哈。這對夫妻後來受封為那不勒斯的國王與王后。必須要說，波拿巴的確為兄弟姊妹盡心盡力了——如果他們服從他的話。他對手足及其配偶大肆封邑尊爵，但最後一切都付諸流水，所有家族成員要不是遭逢厄運，就是長年流放邊疆。[9]

但是當十六歲的波拿巴接管家族的事務時，這些仍是未來，而大家都還年輕。他爸爸可說什麼也沒留下。這青年的月俸是九十三里弗，而住宿費就要花去二十。一七九一年他被升為副官時，有加了點薪。他的難題是，要確保他母親能維持著受人尊敬

8 卡諾瓦（Antonio Canova, 1757-1822），義大利新古典主義雕塑家，他的作品標誌了雕塑從戲劇化的巴洛克時期進入以復興古典風格為尚的新古典主義時期。一八一五年，奉教宗之命前去巴黎監督收回拿破崙掠奪的藝術品。

9 拿破崙家族的關係圖，見頁四至七。

的寡婦身分，而他的兄弟姊妹不至於挨餓。在瓦倫斯的砲兵營裡，他試著以密集的閱讀來教育自己，就像是年輕的溫斯頓．邱吉爾在印度服役時所做的那樣。他仍以義大利文寫信，雖然他的法文拼字還是錯得一塌糊塗，但已經有進步了。他閱讀柏拉圖的《共和國》、布封的《自然史》，盧梭和伏爾泰；詹姆斯．麥可菲生翻譯「莪相」的詩作[10]，那是早期浪漫主義的聖經；許多歷史與傳記書籍；還有一冊英文的英國歷史，他讀來特別留心，因為相信英國作為一個成功的國家，很值得研讀它的秘密。然而他似乎從未掌握英國憲政的本質，也沒將它視為主要的長處。他做大量的筆記，主要是統計學方面的。但他也讀小說，大部分是歷史愛情故事。他還寫過小說，包括一個發生在一六八三年的倫敦、輝格黨對抗查理二世的短篇故事，詭異地了揉雜驚悚的謀殺、改革派的政爭以及天理恢恢的報應。

他也著手寫科西嘉島的歷史，雖然從未寫完。之所以沒能完成的原因在於，他對科西嘉的未來一直舉棋不定。卡羅．波拿巴死前與保利將軍斷交，也切斷了和獨立運動的聯繫。保利從未原諒這家人，他將他們歸類於叛徒和外國人。一七八九年，新的法國國會允許當時流亡英國的保利返回科西嘉，他立刻著手組織一個獨立的共和國。在一七八六年九月到一七九三年六月之間，拿破崙回科西嘉島四次：首先是為了感謝馬必夫，以一個溫和的法國政權擁護者的身分回去的。第二次回去時，他公開批評這個受命於巴黎、逐漸高壓的法國統治當局。接下來，他對保利以及科西嘉民兵團裡的一位將領，展現全然的支持。最後一次，則是以保利的批評者與對手的身分返鄉，因為他不僅是個無德的獨裁者，還提議要將科西嘉從法國分離出來。那時波拿巴將賭注全押在科西嘉的雅各賓派身上。一七九三年四月，內戰在這座島上爆發。保利早就對這位快速竄升、擁有法式訓練與教育的年輕軍人越來越懷疑，他受夠了。他公開宣判波拿巴家族「永遠地受到詛咒，並且褫奪公權終身」。在這樣世仇統治的土地上被如此控告之後，包含母親在內的所有家人於是逃往法國避難，終生未再歸返。

儘管很明顯地，波拿巴對於其原生島嶼的記憶是痛苦怨憤，並且希望能從心上抹去，但它的確為他提供了某件重要的東西：他所追尋的、一種權力的地圖。雖然保利變成他的敵人，但某種程度上，他還是波拿巴的英雄導師。因為保利不是一個軍閥，或至少不只是一個軍閥，就如同所有為獨立奮鬥的前輩那樣。他是一個啟蒙時代的

10 莪相（Ossian），古代愛爾蘭遊唱詩人。一七六二年，蘇格蘭詩人麥可菲生（James MacPherson, 1736-1796）聲稱「發現」了莪相的詩，他從古代塞爾特語翻譯了史詩出版，於是這些所謂「莪相」的詩篇便傳遍整個歐洲，對早期浪漫主義運動產生重要影響。但據考證，這些作品大部分是麥可菲生的創作。

人，他和大西洋彼岸的傑佛遜、亞當斯、以及華盛頓，還有英國的伯克和福克斯，法國的拉法葉，都一樣相信，革命與武裝鬥爭僅是一曲必要的前奏，其目的是要創造一個擁有理想憲政的人道主義共和國。他是盧梭要找的那個人，能將小小科西嘉改造成一個模範的民主國度，以其律法的智慧為全歐洲樹立典範。從包斯威爾的大量書寫以及其他證據看來，保利是個高貴、無私、無畏而明智的人。他在流放中吸收了英國的實用主義，然後像美國的建國之父一樣，巧妙地將之與盧梭、狄德羅以及「百科全書派」[11]的抽象理想主義融合。他用雙手緊緊抓住機會，視科西嘉為一塊白板，要將政府的計畫以及律法的規章銘刻於上，就像盧梭所想像的那樣，儘管它如此弱小，但終能成為世界的榜樣。唉，可惜他的劍不夠強大，無法獨自贏得並保持科西嘉的獨立，而他的英國盟軍又放棄了他，最後只能在流放中結束了一生。

保利不只是個征戰的士兵，他還是崇高的立法家和啟迪人心的統治者，這樣的原型成為波拿巴腦海裡的一件配備。他原本已在追尋權力，但科西嘉的命運讓他為權力賦予了使命。贏得一場戰鬥、戰役或是戰爭，並不是終點，而是為陳舊而腐敗、無效率的系統，帶來新秩序的契機。他本來是要成為整個歐洲的保利，以一種無可匹敵的、更大的規模、在歐陸或可能是世界級的尺度上，為人類提供更好的統治方式。他並不理解、也許他從未理解，這樣的視野中存在著一個基本的矛盾。保利僅僅是代表著科西嘉人的解放者，然後在他們的同意下制訂法律。在波拿巴睥睨歐洲的擘畫下，與其說他是解放者，倒不如說他是征服者。征戰的暴力與為接手政府所鋪設的理想主義是不相容的，於是這個政府就淪為強迫性的佔領，不公平而且殘暴。戰爭作為一種終結的手段，最後也終結了自己，曾經讓寶劍出鞘的波拿巴，發現自己再也無法收劍歸隱。最終他仍離自己的目標非常遙遠，處境也越來越危殆，於是招致了不可避免的敗亡。所有這一切今日看來如此清晰，然而在一七九〇年代早期仍然混沌未明。世界還能重新改組，整個歐洲還是一塊白板，只需要一個大膽的軍人，在其上銘刻他的宿命。

11 狄德羅（Denis Diderot, 1713-1784）法國啟蒙時期哲學家，十七卷法語《百科全書》的主編。百科全書派（encyclopédistes）《百科全書》的編纂群，包括狄德羅、達朗貝爾、布封、伏爾泰、盧梭、孟德斯鳩等人。

Chapter Two

第二章
革命分子、將軍、執政、皇帝

✣ ✣ ✣

對一個像波拿巴這樣充滿野心、政治企圖以及精力勃發的軍人來說，一七九〇年代的革命法國為他的攻頂之路提供了完美的背景。它呈現了革命很經典的拋物曲線：以憲政為開端，溫和的改革路線隨即轉為激進，正義之師變得殘暴；接著是全然恐怖的時期，為暴力的反應所終結；一段充滿了迷惑、反對聲浪和混亂的時代，明顯地對於變動有越來越高漲的疲倦和厭惡；最終，則一面倒地要求軍人來重整秩序、規律並重建繁榮。

作為波拿巴麾下一名將軍之子，維克

多・雨果[1]後來寫道：「再也沒有比一個『誰的時代即將到來』的想法更具威力了。」同理也可以說：「再也沒有比一個『他的時代即將到來』的人更為幸運的了。」因此，波拿巴受惠於這拋物線賜與的時機與機運，他能在運氣來時快速地做出決定。當機會上門時，他一舉擒之。

的確，如果在他的豐功偉業中，有一項人格特質能將波拿巴一以概之的話，那就是機會主義。他是機會主義的化身。很少成功人士的意識形態包袱比他還輕。他沒有什麼愛國情操，因為他沒有祖國。科西嘉對他來說只是阻礙，法國也不過是一個職場生涯的結構及權力的來源。他沒有階級情感，雖然是合法的貴族，但是他既沒有土地、沒有錢，也沒有頭銜。以他看來，現行的特權制度是一場騙局，尤有甚者，是可憎而無效率的根源。但他對於國王或是貴族並不具恨意；他對於票決的民主也沒有信仰。

他疏離地觀察著人們：如果善加引領，他們能幹出大事；若缺乏英明的領導，則是一群危險的烏合之眾。他喜歡盧梭那模糊又抽象的「公共意志」(General Will)的概念。它提供了掌握時局的統治精英一個機會，將人民的力量導引至一個全國性的方向，而不需冒民主的危險。在實踐上，精英階級總是會形成一座金字塔，由一人位居頂端。他的意志將傳達「公共意志」，賦予其決斷性與行動的基礎（這是違反民主的一種概念，一國的意志由一人具體化，而不是以數人頭決定）。憲政體制的重要性，說起來就像是商店的櫥窗擺設那樣重要。但這個意志是要賣給全國的商品，並且一旦售出，就要強加執行。如果這是意識形態，這便是一個機會主義者的意識形態，在革命的每一個階段，他都能隨之起舞，直到他個人的時機來臨。就好像星體一樣，它們沒有意識形態，只有行動。

波拿巴相信的是改變而不是革命，更準確的說法可能是加速的進化。他希望事情能運作得更好、或更公平、更快。如果在英格蘭，他會是個實用主義者；在美國，就是聯邦黨人以及亞歷山大．漢密爾頓的跟隨者；在奧地利，會是約瑟夫二世的支持者以及驅策者，他是開明專制君王的原型。一七八〇年代的歐洲，在美國立憲以及本土專制改革的鼓舞下，改變的時機已經成熟。幾乎每個人都想要，也沒什麼人反對。比方說一七八〇年代的丹麥，推動了監獄與法律的改革、建立了貧窮救濟的制度、引進土地改革方案、廢止封建的勞力服務、禁止奴隸交易、過時的關稅被移除了、交易也自由化。這一切全無需暴民的協助，連一場暴動或是政治的處決也沒有。在荷蘭和部

1 維克多．雨果（Victor Hugo, 1802-1885）《悲慘世界》的作者，父親約瑟夫．雨果（Joseph Léopold Sigisbert Hugo, 1774-1828）是拿破崙在西班牙部隊的高階將領。

分日耳曼地區，則有較為小心審慎的變動。如果路易十六能更有活力、更有決斷力的話，法國應該也會依循同樣的模式。法國貴族中充滿了先進的改革者，王室行政體系也對革新躍躍欲試，每個部門都彙編了大量銳意求變的檔案、蓄勢待發的計畫。這些計畫後來由革命者付諸實行，並宣稱是自己的功勞。當時獨缺的東風僅僅是來自上層的決心和衝動而已。和丹麥不同的是，法國被其強權地位所牽絆著——它自命為「大國」，在十八世紀下半葉，幾乎是出於責任感而介入那些極其昂貴卻益發失利的戰爭，以維繫其歐洲領袖國家的歷史地位。所以一七八〇年代，法國在破產邊緣掙扎，財政吃緊、任意課稅，朝廷山窮水盡，終於在一七八九年召開了將近兩個世紀都沒有開過的「三級會議」[2]。其後，變動的局面遂一發不可收拾。

波拿巴旁觀革命早期的發展，像一個渴望加入決策過程的局外人。他的讀書筆記大約有十萬字留存了下來。筆記中如此描述著克倫威爾[3]：「勇敢、機智、多詐而喜怒不形於色。他早年崇高的共和主義理想，被貪婪野心的火焰燒盡了。在嚐過權力的甜美之後，他遂嚮往一人專政的歡愉。」一七八九年四月，波拿巴在歐克索納初嚐了制伏暴民的滋味，他指揮一小隊士兵，以尖銳的刺刀壓制了過度的革命行為，與克倫威爾的方式如出一轍。他將他科西嘉島上的雅各賓主義，翻譯成了法國本土的語言。

巴斯底監獄倒了，「三級會議」轉變成「國民制憲議會」；路易十六被剝奪王權，並受到禁錮；他在一七九一年仲夏之際所策畫的逃亡，卻演變成一場災難。結果是議會要求軍官們宣誓效忠。由於他們大多數是保皇黨員，便紛紛拒絕。波拿巴卻在七月四日宣誓了。他的看法是，路易應該被放逐，而非被監禁或是處決，年輕的路易十七則應被宣立為王。然而在現實中，他投靠了共和黨人。他越來越清楚，波旁王朝氣數已盡，而國王只是末日傀儡。在一七九二年四月二十日，溫和的吉倫特內閣[4]迫使路易向奧地利宣戰，並在五月十五日向薩丁尼亞開打。革命標語很快地變成了：「打倒所有國

2 三級會議（Estates General）：法國自中世紀以來的階級代表會議，在國家遇到危難時，國王可不定期召開由貴族、教士和平民代表的三級會議，以謀解局。上次會議是一六一四年，相隔一百七十五年。過去不論代表數，各階級僅有一票的表決方式在此次受到挑戰，平民代表反對古老的方法，並進而主張將之改名為「國民會議」（National Assembly），路易十六迫於無奈只得接受，平民此項重大勝利成為法國大革命的開端。

3 克倫威爾（Oliver Cromwell, 1599-1658），在清教徒革命（1642-1651）中推翻斯圖亞特王朝的查理一世並建立共和的護國公，主張容忍所有的新教教派卻對天主教徒大行鎮壓。共和體制在他死後迅速崩解，一六八〇年斯圖亞特王朝復辟。

4 吉倫特內閣（Girondin ministry），國民公會當中由資產階級組成的派別，由於主要人物出身自吉倫特省，後人稱之為吉倫特派（Girondins）。原本主張君主立憲制，在路易十六出逃事件後改為主張共和體制，並對奧地利宣戰。戰敗後遭到國民公會政敵雅各賓派整肅，集體上了斷頭台。

王，和平人民共享。」作為一位徹底的現實主義者，波拿巴知道這標語只是玩弄文字的無稽之談，但他可以接受。沒有一位專業軍人會將戰爭視為全然的罪惡，而歐洲全面開戰的可能性則令人興奮。戰爭意謂著升遷，以及更大的統籌權力。在一七九二年八月三十日，波拿巴升為上尉，還可以溯及既往，領到一筆之前未給付的薪俸。平民百姓的歐洲進入了黑暗時代，但戰士們的好日子才正要開始。

一七九三年的二、三月間，革命法國向英國、荷蘭以及西班牙宣戰。在布列塔尼和旺代相繼爆發內戰。保皇黨則在南部試圖佔領馬賽，並成功地攻下了土倫這座重要的軍事港口。八月二十九日，他們與英軍和西班牙軍隊並肩作戰，進入了英國皇家海軍的保護勢力範圍。波拿巴撰寫並出版了一本名為《博凱爾晚餐》[5]的小冊子，呼籲國家統一，為自己贏得了注目。他亦在瓦倫斯重新訓練、裝備一支砲兵隊伍。巴黎的戰務官靈光乍現，派遣波拿巴前往土倫。他在九月十六日抵達，馬上就重組圍城軍隊的砲兵團。數週之內，他的決斷力、專業度以及足智多謀，讓他成為此次軍事行動的實質領導，雖然在位階和年紀上，他都比指派的指揮官要資淺很多。這次行動裡也有一些傑出的未來將領，包括馬爾蒙、蘇歇、朱諾、德賽和維克多等等。然而，是波拿巴計畫並領導了十二月十六日的突襲行動。杜泰爾將軍[6]向巴黎如此推薦他：「要列舉波拿巴的優點令我辭窮：他非常有科學頭腦、絕頂聰明，甚至可能擁有過多的勇氣。」他補充道：「各位部長，你們一定要讓他投身於共和國的榮光之中。」他襲擊土倫港時，那一股初生之犢的勇武的確讓交戰雙方都印象深刻。傑出的英國歷史學家特里威廉曾回憶道：「有一次我在翻閱一七九三年的英國報紙時，發現了以下的情資檔案：『波拿巴上尉已經在土倫戰役之前的一回交戰中陣亡。』」他接著寫道：「後來我讀到的每件事情，都讓我對這條新聞的不正確性倍感遺憾。」波拿巴不僅存活了下來，還被擢升為准將，直接跳過了中校和上校這些軍階。

於是，波拿巴的職業生涯在土倫展開。他闖出了名號，但這也讓他更加暴露於危險之中。革命正吞噬著它的子民，甚至包含了偉大的喬治·丹敦[7]；他的名言「我們要勇敢、勇敢、再勇敢」也可能是波拿巴的座右銘。「恐怖統治」期間，他留在法國

5《博凱爾晚餐》（*Le Souper de Beaucaire*），拿破崙在一七九三年寫的小冊子，內容是他在博凱爾和四名商人的對話，他試圖打消他們對中央政府的敵意，並呼籲停止內戰。

6 杜泰爾將軍（Jean-Pierre du Teil, 1722-1794），法軍砲兵中將，曾任歐克索納砲兵學校指揮官，對拿破崙影響甚深。

7 喬治·丹敦（Georges Danton, 1759-1794），國民公會成員，由支持雅各賓派的恐怖政策轉為主張寬容，最後遭羅伯斯比爾逮捕送上斷頭台。

重組砲兵隊以準備進攻義大利。恐怖統治的首領馬克西米連[8]的弟弟——奧古斯丁·羅伯斯比爾[9]是當時軍隊的指揮官，他表揚了波拿巴「卓越的長處」，讓他往前推進。但是馬克西米連·羅伯斯比爾在一七九四年七月二十七日垮台，並迅速被送上斷頭台。在尼斯駐守的波拿巴，很快就被認出是羅伯斯比爾的門徒而遭到逮捕。他確實應該要感謝老天爺使他逃過一劫，因為有許多人在更薄弱的證據下都被處決了。但是法國已對屠殺感到厭惡，他在九月被靜悄悄地釋放了。

然而對他的疑慮持續著。他並未復職、重掌原本義大利行動中的砲兵指揮權，但他仍被任用。現在波拿巴對於火砲的理解，完全不輸給軍隊裡的任何一位軍官，起碼在理論上是如此（許多專家都被當成保皇黨而遭革職、槍斃、流放或是效忠他國）。波拿巴所讀過的、由吉博伯爵以及皮耶-約瑟夫·布爾塞所撰寫的火砲教科書都主張，要成功運用火砲，重點是將最大火力集中在敵人戰線上的某一點，通常是最弱的那一環。波拿巴的導師杜泰爾將軍在《新式火砲的運用》一書中也重申過此原則，並將它運用在當時新加入的、更強大、更機動的槍砲中。這是格利包佛爾的功勞，他在舊體制下曾主導槍砲的製造，引進標準化的大砲設計。於是，共和國所接受的大砲就都配備了四磅、八磅、十二磅的野戰砲，還有六英吋的榴彈砲（較重的槍砲則留給圍攻的砲兵隊）。這些比起前一代的武器要輕許多，增加了行動力與速度，也可以輕易啟動及重置。[10]

因此，波拿巴的貢獻就是接受這些基本的裝備（雖然後來他以六磅的野戰砲替換了四磅的，並且增加了十二磅的比例），並藉由嚴格的訓練與練習，確保能夠有效地利用這些增強的軍隊行動力和火力。在格利包佛爾的標準化系統中，每一個軍團都配有二十個連，並擁有自己的補給站以及訓練小組。波拿巴的目標是要確保所有的射擊軍士官都能理解瞄準的數學法則，並且能夠判讀地圖。理論上，在未瞄準的情況下野戰砲一分鐘可以發射十二回。波拿巴認為這是浪費軍火。他堅持，在瞄準的情況下一

8 馬克西米連・羅伯斯比爾（Maximilien de Robespierre, 1758-1794），國民公會成員，雅各賓派的領袖，恐怖統治的靈魂人物，熱月政變之後被送上斷頭台。

9 奧古斯丁・羅伯斯比爾（Augustin de Robespierre, 1763-1794），馬克西米連之弟，國民公會成員，在哥哥失勢後被捕，同一天上了斷頭台。

10 拿破崙對火砲的知識得自於數位舊體制時期的軍事專家：吉博伯爵（Jacques-Antoine-Hippolyte, Comte de Guibert），《戰術通論》作者，革命前官拜將軍，深獲腓特烈大帝欣賞；皮耶－約瑟夫・布爾塞（Pierre-Joseph Bourcet），山區作戰、軍事工程、防禦專家，舊體制時期官拜中將；格利包佛爾（Jean-Baptiste Vaquette de Gribeauval）砲兵專家，改良了法軍大砲系統，舊體制時期官拜中將。

分鐘至少三回的命中率是可以改進的；他的集中火力戰術當然增加了每口槍砲的命中率。大砲不僅是波拿巴的專業，更具體地展現了他中心思想裡一貫的力量原則。以他來說，力量的目標不僅是要摧毀反對勢力以服從他的意志，更重要的是要激發恐懼，如此一來則根本無需使力。一定要讓敵軍畏懼，只要恐懼開始蔓延，戰爭就已經贏了一半。他推斷，槍砲帶來的噪音以及破壞最能引發畏懼，但是一定要準確，因為波拿巴知道，就像他自己一樣，士兵都是相信宿命的，尤其是在面對大型槍砲的時候。他們相信，如果砲彈註定不會打中你，那就沒什麼好怕的；等到彈砲果真落在一段距離之外，那更是加深他們斯多噶式的命定論。這就是波拿巴的戰爭心理學。大砲攻擊對他取得野戰的勝利有至高的重要性。

波拿巴被釋放後，仍然一心念著要將其砲兵戰術運用於義大利前線的可能性。那年夏天，巴黎處在羅伯斯比爾事件的騷亂之中，這場軍事行動也暫停了，而奧地利在英國皇家海軍的協助下，已經前進到熱那亞的海岸線。巴黎下達的命令是要打防禦戰，但波拿巴的直覺卻完全相反。他一被釋放，就說服軍隊的指揮官皮耶・杜梅比翁將軍（一位謹慎的老將），發動了一七九四年九月十七日的襲擊以先發制人。他在奧地利與薩伏依的軍隊中殺出一條血路的做法，體現了波拿巴後來的另一項信條——分化對手，然後一一擊破。九月二十一日，如拿破崙所計畫的一樣，奧地利在代戈驚慌慘敗，大失四十二座槍砲。由於這是波拿巴所負責的第一場野戰，很值得留意他的出其不備、快速攻擊以及從後方突襲，在情況允許下，這就是他最愛採用的戰術。波拿巴的直覺是應該乘勝追擊，迅速地往義大利平原推進。但是杜梅比翁在九月二十四日否決了他的提議。焦慮的杜梅比翁希望能見好就收，退守成防禦陣勢。兩個月之後他退休了，但在退休前，他慷慨地將這場戰役的勝利歸功於這位年輕的砲兵指揮官。

得到任命之後，波拿巴遵從自己直接前往權力所在的信念，很有效率地往巴黎去。此行的目的是要以軍事顧問的身分遊說政客，好讓他們向最上層傳話。一開始進行得並不順利，也因此在一七九四年到九五年的冬天，他曾想過要去土耳其。最終成功是繞了一圈才降臨。「國民公會」[11]意圖透過公投制訂新的共和國憲法，但是與會者希望他們的位子跟薪俸都能持續，因此附加了一條法令，明定在新的立法議會裡，三分之二的席次必須要由舊的公會成員擔任。這條法令很不得人心，為了保險起見，

11 國民公會（Convention nationale），一七九二至九五年間，由普選出來的七百四十九名議員所組成的最高立法機關，取代了立法會議（Assemblée législative）的角色，並正式宣告法國第一共和的建立。

政府便授與保羅·德·巴哈斯子爵[12]「無限的權力」以維持秩序。

波拿巴在之前的土倫一役就結識了巴哈斯。他是一位無甚道德感的前保皇黨軍官，後來投效於雅各賓派。他從巴哈斯的身上學到，對保皇黨的殘忍報復可以如何地有效率，而革命正義的到來又可以如何轉換成財富的積累和取得上位的機會。一七九四年，巴哈斯又改弦易轍、推翻了恐怖統治，並屠殺主掌恐怖時期的要人。「督政府」[13]接收了羅伯斯比爾的軍政府，而巴哈斯則是其中至高權力的獨裁者。他當時已經很富有，且還能從接下來二十年間的變動和機運中存活下來，並在「復辟」時期死於富貴。他同時也是個獵豔高手。一七九〇年代初期，他的一位情婦是年輕貌美而新寡的混血少婦，瑪麗－約瑟芬－蘿絲·塔契·德拉帕熱利。她出生於西印度群島，比拿破崙大六歲，也是貴族出身。但她經濟頗為拮据，必須靠著機智與美貌才能出人頭地。所幸她才貌雙全，十六歲時便嫁給一位較為優渥的貴族，亞歷山大·德·博阿赫內，他選擇了革命的那一邊，而搖身一變為主導的將軍之一。他們生了兩個小孩，其中的歐仁·德·博阿赫內，後來成了波拿巴布局中的一位關鍵人物。但老博阿赫內在一七九三年美因茲一役戰敗，被控以叛國罪而送上斷頭台。他的夫人也差點遭逢相同的命運，卻只短暫地受到拘禁。我們的確要記得，那個時代的法國幾乎所有的重要人物，都曾經置身於殘暴又切身的死亡威脅之中，並都看過親友、家人、敵人或是同志走上斷頭台，因此對於血腥產生了一種無感或是漠然的態度。沒了丈夫，約瑟芬在巴黎的上流社會浮沉，在那黯淡又恐怖的年代裡發光。歷經數個政客，她最後委身於有權有勢的巴哈斯。

然而到了一七九四年，巴哈斯開始追求更年輕的獵物。但他還是希望能和約瑟芬保持友好關係，於是就想出了個方案，要把她轉手給波拿巴，畢竟他是自己的得意弟子。關於波拿巴與約瑟芬的關係，可以被大書特書，也的確被寫過很多次，但還是有許多面向仍然晦澀未明，保留了討論的空間。至少很清楚的是，一開始是波拿巴一頭熱。品味卓越的約瑟芬，對於眼前這個又矮又瘦、臉色土黃的年輕軍人，卻被巴哈斯阿諛地捧上天大感不解。她憑直覺推斷他可能前程似錦，但是在當時，他對她實在沒有任何明顯的益處。我們並不清楚巴哈斯對她施加了什麼壓力，讓她接受波拿巴的追

12 保羅．德．巴哈斯子爵（Vicomte Paul de Barras, 1755-1829）：法國政治家。貴族出身，為國民公會成員，後來參與終結恐怖統治，成為掌握督政府時代核心權力的人。一七九九年協助拿破崙推翻督政府。

13 督政府（Directory, Directoire），一七九五葡月暴動之後，國民公會遭到解散，新的立法機構選出以五人督政官為首的督政府，直到一七九九年由執政府所取代。巴哈斯子爵即第一屆督政官之一。

求，但更可能的，是這位年輕人自己的熱切追求，再加上他所擁有的、近乎絕望的決心，讓她迎向他的懷抱。她是一位世故而歷練豐富的女人，我猜這是波拿巴戀上她的主因。他從未遇過她這樣的類型，然而她一旦被挑起，也能熱切地予以回應。

無論如何，當他們準備好要結婚時，波拿巴的職位又再異動了。國民公會因其自肥方案而信譽盡失，反對勢力於一七九五年夏秋之交興起。巴黎的許多地區幾乎都還保持著中古世紀的面貌，分成很多小隔間的破敗房子叢聚，點綴著狹窄的巷弄，成千上萬的窮人在其間生活、受苦。他們可能很快地就變身成龐大的暴民，足以唬住沒有指揮官決策的軍隊。但是當時起碼有三種團體：雅各賓派，也是最激進極端的；保皇黨，已能察覺出風向在改變；還有所謂的溫和派。十月初，這三派成員聯手起來摧毀國民公會。巴哈斯懷疑內務部軍隊所指派的指揮官忠誠度堪慮，遂任命波拿巴為第二指揮官，以便掌控巴黎的常備軍隊。

一七九五年十月五日（也就是新共和曆上的葡月，但這曆法很快就被廢除了），巴黎街上充斥了大約三萬不滿現狀的暴民、許多武裝的國家衛兵，還有已經被廢掉的革命軍[14]。波拿巴決定採用大砲，此乃其恐懼法則的實踐。這意味著他必須要慎選場地，鼓勵暴民往杜勒麗王宮花園以及聖洛克教堂附近的開放空間移動（這兩處都已成為他們的總部），如此才能使用槍砲的火力對他們進行掃射。這也意謂著需慎選武器。砲彈拿來面對一般軍隊最有效，但波拿巴偏愛以錫或帆布包住火槍用的鐵珠，前者就是所謂的霰彈，後者就是葡萄彈。葡萄彈的好處是散落的範圍很廣，能夠導致大量的流血並且常常能傷敵至殘，只是必須在近距離射擊。它幾乎無法置人於死，所以雖然是有效而激烈的群眾控制手段，卻讓對手無法製造出「大屠殺」的迷思。它的目的是驚嚇並且驅逐敵人。波拿巴冒險地將他的槍砲對準暴民直接掃射「一陣葡萄彈」，他是這樣說的。當然這不只是一陣葡萄彈而已，許多人因此死亡、或是負傷而死。但它立刻就結束了籌備中的政變，以及革命本身：暴動的年代讓位給因為恐懼而產生秩序的新時代。聖洛克教堂的外牆上還留著彈痕，標記著那關鍵性的時刻。波拿巴是整個事件的執行者，亦是受益者。老將軍布赫格利早在六年前擔任戰爭部長時就建議路易十六使用葡萄彈，卻被當成耳邊風，終至自取滅亡。就像湯瑪斯・卡萊爾在其歷史鉅著中所說的：「如今，時機已經到來，英雄人物也應運而生；你們看，一切盡在眼前；

14 恐怖統治之後，法國通膨嚴重，財政陷入危機，陸續發生飢民的動亂。一七九五年保皇黨與立憲派策動叛亂，十月，反抗者湧上街頭，包圍國民公會，即所謂的「葡月暴動」（共和曆十月為葡月）。

這個我們特意稱之為法國大革命的東西就這樣被吹到九霄之外，成了過眼雲煙。」[15]

在土倫和代戈之後，鎮壓葡月暴動一役是波拿巴第三次被廣泛報導的勝利。全都是靠大砲打天下。藉由堅硬的槍口，他將自己射進了權力的最高層。波拿巴現在已經是內務部軍隊的總指揮官，但他還想取得義大利境內的最高指揮權。他認為，換作是凱撒大帝也會這樣決定。一個捍衛家園前線的將軍，自然是個擁有絕大政治權力的人。那就是當他從國外的征戰與勝利中凱旋歸來時，整個國家都會臣服在他腳下，而軍隊則成為他的後盾。所以他要義大利，也得到了。

評論家總認為，波拿巴之所以能取得進攻義大利的指揮權，是因為跟巴哈斯的情誼，以及願意接收巴哈斯脫手的情婦約瑟芬，並且娶她為妻。但更有可能的是，反正這個位子本來就是他的了。拉扎爾・卡諾從一七九三年八月便統領法國戰時兵符，他十分贊同波拿巴攻打義大利，覺得他就是執行這項計畫的不二人選。卡諾原本是勃根地的共和黨人，在一七九一年成為立法議會的代表，並且以「人民起義」的領袖自居，這也是法國大革命對歐洲君主國家的聯合進攻所提出的答案。身為公共安全委員會的戰爭部長，他重組了革命軍隊，創造出十三支野戰部隊、供應軍火的兵工廠並且找到了財政來源。因此，他就等於是為波拿巴提供了原料與人力資源，讓他得以打造歐洲最大、最成功的戰爭機器。而其功勞還不止於此。他採用了一七九二年克勞德．夏普所發明的電報系統，架設於巴黎和里爾之間。這個在首都與法國前線（常常還超過了前線的範圍）之間的國家通訊系統，使得軍事情報能夠在天氣晴朗的時候，以每小時一百五十英里傳輸。這對波拿巴計畫加速法國軍隊移動的戰略來說，簡直如虎添翼。讓波拿巴更加開心的是，他改進了軍隊的製圖資料庫，並且傾其中央指揮的權力，成立了他所謂的「地形繪測局」，這也是歷史上頭一個參謀總部。

一七九六年初，波拿巴向卡諾提出一項修正過的進攻義大利計畫。督政府適時地批准，並交由波拿巴執行。他在婚禮之後的兩天動身前往義大利。實際上，他當時已經終結了法國大革命。他接掌了新指揮權，標示著另一個歷史的轉捩點：這代表法國共和體制從防禦轉為大規模的進攻、變身成一股擴張主義的勢力。它決心要以其自身的意識形態與其所形塑的信條，重整歐洲舊版圖。

毫無疑問地，要是沒有波拿巴，這個計畫不可能會成功。但我們同樣可以確信的是，如果沒有大革命留下來的積極典範與教誨，波拿巴不可能擁有如此殘暴的態度，

15 湯瑪斯．卡萊爾（Thomas Carlyle, 1795-1881），維多利亞時期的蘇格蘭作家，歷史著作《法國大革命》一書啟發了狄更斯的《雙城記》。本段文字引自《法國大革命》（*French Revolution: A History*）第三卷。

無視於人命、自然或人為法則、習俗乃至於善良信念；但也就是這樣的態度，讓他得以貫徹實踐這項計畫。法國大革命是一堂關於邪惡的力量如何取代理想主義的課，而波拿巴正是最理想的學生。尤有甚者，大革命留下了一座巨大的機器：一個壓抑個體的行政與立法體制，這是舊體制下的君王作夢也想不到的；一個能動員國家資源的集權政體，這是任何一個之前的國家從未擁有過的權力；一個絕對的權威，一開始集中在國會、再來是委員會，最後歸結於單獨一位暴君的身上，這也是前所未聞的；以及一個普遍的教訓，那就是這樣的集權，展示了一個統一民族的普遍意志，以正當的憲法形式所制訂，並且還由公民投票所通過。事實上，大革命製造的現代極權國家，也許還是實驗階段，但已經五臟俱全。不過一百年，它就在二十世紀結出了完整而駭人的果實。如同赫伯特．巴特菲爾德教授（劍橋大學歷史學教授）所言，它成為了「現代戰爭之母……（預言了）一個時代的來臨，不同種族間可悲地對彼此一無所知、不理解且互看不順眼，並處於不安之中，而且以一種歇斯底里、憤怒的態度，來看待他族的罪行。它預言了一場末日決戰，被激怒的族群間存在著公義與權利的巨大衝突，而每個族群都認為自己才是有理的一方。一種新型態的戰爭誕生了，取代了舊有的宗教衝突。」

在這森然的轉變中，波拿巴就是大魔王，是殘暴的執行者。他天生就是這塊料，再加上自己的企圖心和經驗的歷練，使他得以從大革命所創造並遺留給他的權力中獲取最大的利益。波拿巴的感性遲鈍，同情心淺薄，想像力並不令他困擾。據他說，他自從九歲起就不信教，因為一位牧師堅稱他的英雄——也就是凱撒大帝——在地獄中遭到火刑。他能抑制那從未活躍的良心。除了被自己的意志佔有之外，他整個人完全不受管束。正如同維多利亞時期的詩人喬治・梅瑞迪斯所道：「他是座最強大的引擎，但作為一個人，卻有其侷限。」

波拿巴在一七九六年入侵義大利，這是他首次的戰略性軍事行動，對於法國人來說，這不只是軍事的勝利，更是一次充滿想像與象徵意味的成功。十五世紀末，法國攻打義大利，結束了歐洲的中古時代[16]，這則歷史事件還銘刻在法國人的集體意識中。在試圖重新征服義大利的同時，波拿巴等於是彈了一段呼應的和弦。對於一位科西嘉島出生、從義大利人變成法國人的人來說，這件事也合乎邏輯：征服他最初源頭的

16 在此指的應該是一四九四年初那不勒斯國王斐迪南逝世，法王查理八世宣稱擁有繼承權，率軍入侵義大利。義大利北部各城邦之間本已爭戰不歇，法國入侵後更引起西班牙覬覦，各方外國勢力介入，造成了義大利文藝復興的結束。

國家，將之納為新家園的附屬品。但是他的工具非常有限。當他加入軍隊時，他發現號稱四萬三千員的兵力其實是三萬出頭，大砲只剩下六十門，而且士兵的薪餉都還沒付。他的第一份文告（一七九六年三月二十八日）為他與部隊之間的關係定了調：「士兵們，你們吃不飽、穿不暖……但是很快地，富足的省份和美好的城鎮就會任你驅使。在那裡，你們將能找到榮譽、驕傲與財富。義大利軍團的士兵啊！難道你們會缺乏勇氣和毅力（來爭取這些事物）嗎？」打從一開始，波拿巴跟底下的人就有不成文的規定：他們為他打贏勝仗，他就讓他們掠奪洗劫作為回報。更進一步，他還讓洗劫來的財物可以輕易地轉到他們家人的手上。這有軍事上的道理，因為這麼做能鼓勵士兵儲蓄，而不是把戰利品揮霍在酒氣財色上。不消說，軍官們，尤其是每一師的指揮官，更加受惠於此制度。波拿巴則是其中最大受益者，劫掠來的金條、錢幣和藝術品不僅中飽私囊，他還將部分戰利品轉給巴黎政府，以換取政府官員接受他益發高壓與獨斷的行動。對於這樣合夥進行掠奪的探險，義大利北方是非常理想的場域。薩伏依大公或是哈布斯堡皇室，在此都不受歡迎，這些小而獨立的國家破敗衰老，有成千上萬的教堂、修道院、僧院、小禮堂，其中價值不菲的繪畫以及金銀鑄成的聖杯，等著被洗劫。波拿巴很小心，不像之前的共和軍一樣對教堂發動戰爭，並且總是阻止部下屠殺神職人員，因為他相信，他們對於社會控制是一股有用的力量。但是當說到「解放」教會資產、為了「安全監督」之故將它們搬上他的補給車時，他可是一點也不遲疑。

波拿巴的參謀長路易・貝爾提耶在其麾下忠誠且有效率地擔任各種高階職務，直到一八一四年波拿巴退位。但貝爾提耶主要還是幕僚頭子，也被暱稱為「皇帝的老婆」。這兩顆軍事頭腦間有種共生關係。貝爾提耶將主子的謀略轉換成人力、物力和發布清楚的文書命令以便執行。他對波拿巴貢獻良多，而波拿巴也回贈以豐厚的領土與頭銜。當貝爾提耶不在的時候，波拿巴的戰鬥力就大打折扣。波拿巴還擁有三位優良的師級指揮官，其中一位是安德烈・馬塞納，早先在船上擔任服務員、後成為軍士長，也是一名走私販子。他是波拿巴最值得信賴的部屬，但是他強取豪奪（以及接受賄賂）的積習難改，甚至讓他的主子非常難堪。

在有限的資源之下，波拿巴進攻義大利可說是一趟大膽的冒險。其驚險的河流橫渡以及攻擊的速度，在在令皮埃蒙特人與奧地利人吃驚。他在蒙特諾特、代戈（第二次）、蒙多維和科多格諾贏得了小戰役。五月初在洛迪，發動了一次震驚輿論的襲擊。三千五百名法國擲彈兵衝到一座波河上的橋，在馬塞納的援兵趕到之前，與一萬名敵軍對峙。這項行動令法國民心大悅。五月十三日成功攻進米蘭，同樣振奮人心。他們受到暴民，或至少一群暴民，瘋狂的歡迎。這個事件還被斯湯達爾寫進《紅與黑》的第一章而永垂不朽[17]。佔領倫巴第之役，基本上是河流與橋頭堡的攻防。波拿巴以其敏捷的行動力、出其不意以及足智多謀，打贏了頑強抵抗、戰備較優的奧地利軍隊。他在著名的阿爾柯拉勝利之役奮力一搏，在十一月十五日到十七日之間，強渡阿爾朋河。那是一場鮮明的波拿巴式戰役。在快速的軍隊調動中，他的戰術充滿了高危險性。當面臨像是奧地利這樣行事嚴謹的對手，有時還可能招致潛在的災難。據拿破崙推斷，他之所以能免於危難，乃是因為他隨機應變的天賦、他的善於謀略、再加上貝爾提耶的後援能力，以及部屬們的大無畏精神。阿爾柯拉三日之戰，為機智的戰術拯救了冒險的戰略提供了經典範例。其中一個妙計是，波拿巴派遣一排偵察兵，繞到敵方後頭大張旗鼓，讓奧軍以為已經被包圍而驚慌地撤退。就像洛迪之戰一樣，阿爾柯拉的勝利席捲各大報章雜誌，更加鞏固了波拿巴這位共和國最成功將軍的地位。一七九七年一月十四日，他在里沃利贏得決定性的一戰，在曼圖亞碉堡最後殘存的奧軍主力也因此投降。如今，哈布斯堡王朝從義大利撤退，波拿巴如入無人之境。

此時，波拿巴不再只是軍事將領而已。儘管還沒有實質的頭銜，他已多了一個帝國殖民總督的身分。在遠征義大利時，他收到的指令是對於當地在戰勝後的政治安排採取緊縮政策。但在一七九六、九七年間，隨著傳送回法國財庫的金銀數量越來越大，這些緊縮也就逐漸放鬆（或被忽略了）。於是，他可以制訂自己的政策。他在主要城鎮鼓勵組成「愛國的」共和委員會，然後對他們在「法國保護」下的獨立要求做出回應。這手法到了第二次世界大戰末期，被史達林學了在東歐如法炮製。波隆那和費拉拉的委員會與羅馬教皇的統治斷絕關係；雷吉歐與莫地那否決了當地公爵的統治。在波拿巴的鼓勵之下，這四個地方都向米蘭派出了代表，並在會議中宣布成立「奇斯帕達納共和國」，事實上是個法國傀儡政權（一七九六年十月十六日）。倫巴第的城鎮組成了一個類似的政體，叫做「坦斯帕達納共和國」。一七九七年七月十五日，波拿巴將這兩國合併為「奇薩爾皮尼共和國」。同時間，他在熱那亞利用由法國組織的一場暴動，推翻了當地古老的寡頭政治（六月六日），並扶立了他所謂的「利古里亞共和國」。他以同樣的手段處置了威尼斯的寡頭統治。然後在蒙地貝羅豪奢的殖民地城堡為這兩個新共和國監修憲法，成為他制訂的二十多部憲法當中的第一部。他還與奧地

17 斯湯達爾（Stendhal, Marie-Henri Beyle, 1783-1842），法國最早的寫實主義作家，曾隨拿破崙進軍義大利、俄羅斯，拿破崙垮台後定居義大利。《紅與黑》（*Le Rouge et le noir*）是斯湯達爾最為人知的小說，「紅」代表軍隊，「黑」代表教會，意指當時青年出人頭地的兩條路徑。

利協商一份和約草案，隨後由督政府簽訂成為《坎波福爾米奧條約》（一七九七年十月十七日）。條約中，哈布斯堡皇室承認了上述兩個新的法國保護國，並將奧屬尼德蘭以及愛奧尼亞群島割讓與法，（秘密條款中）還默認了法國邊界延伸到萊茵河畔。

這是法國疆界上的大勝利，法國大眾也理所當然地認定是波拿巴個人的勝利。從軍事的角度來看，年僅二十八歲的他，已是共和國最有力量的人，就像在歐洲版圖上馳騁的一座蓄勢待發、卻不受控制的大砲。政治人物都希望他離巴黎遠遠地，所以給他的新任務都離首都很遠。因此，當然啦，也就冒著讓他取得更輝煌勝利的危險。最先的想法是任命他進攻並佔領英國。但是，他審視了可用的資源，也就是軍艦跟運輸工具，發現他一樣也沒有。他想，這根本就是要他去海上送死。於是，他很快轉而接納一個計畫。這個計畫讓他遠離事件的中心（這也是督政府所樂見的），但在他的估量中，卻能強烈地激起法國的集體想像——那就是征服東方。

最近一個世代以來，法國對於埃及逐漸產生了興趣。所謂「埃及風格」的萌發，最早可以追溯至一七七〇年代。波拿巴向督政府提議的動機，乃是要為法國尋找一個生產蔗糖、勞力免費的殖民地，好取代西印度群島；開通蘇伊士運河，並與英國在印度的反抗勢力馬拉特人以及提普蘇丹聯手，協助他們推翻英國政權。他對於廣闊的土耳其帝國也有一些模糊的計畫，埃及亦名列計畫中。但是，他還有個更深沉的想望：他想要當現代的亞歷山大大帝，去征服那不可思議的、廣袤又富饒的國度。據說他曾經說道：「歐洲對我而言太小了……我得往東方去。」在他的算計中，有了三萬法國大軍，在埃及他還可以募到三萬傭兵。帶著五萬隻駱駝以及一百五十門大砲，他能在四個月內抵達印度河畔。他的計畫周詳，連最後一輪的彈藥和水罐都計算到了。

督政府批准了進攻埃及的計畫，僅止於此，並且明白要求波拿巴必須自己籌措遠征軍的經費。他很認真地接納他們的建議，指派他最信賴的參謀長貝爾提耶前往梵蒂岡洗劫其財庫；又派遣紀堯姆．布律納這位著名的土匪軍官到伯恩，將瑞士的儲備金全部偷走；巴特勒尼．儒貝爾則強迫荷蘭將其國庫盡數吐出。一千萬法郎於是到手，而且大部分都是黃金。波拿巴又下令所有從熱那亞以及威尼斯出發的海上船隻，全數加入土倫的分遣艦隊。遠征軍的訴求，讓他得以從軍隊中挑選出一些最傑出的年輕軍官來投效他的行列。為了向法國大眾推銷這個計畫，他也邀請國立學院的一些領袖人物前往。國立學院於一七九五年成立，用以取代古老的皇家法蘭西學院以及文學院。大約一百六十位同意參加，其中包含了法國最優秀的工程師、化學家、數學家、歷史學家、人類學家、礦物學家、地理學家、藝術家、繪圖師、語言學家還有作家，另外尚有記者、印刷業者，甚至連熱汽球駕駛員都來了。這是波拿巴第一次參與大型的宣傳和公關活動，他充分地利用了這個機會。此舉不僅是個成功的將軍決心要征服世界，也是要將法國文化具體實踐，為世界上第一個城市社會帶來這趟「文明化的任務」。

埃及遠征軍自始至終所飽含的戲劇性，為波拿巴正要提拔的賈克-路易・大衛以及安東尼・尚・格羅[18]等技藝高超的藝術家提供了活色生香的素材。在極端的好運中（而他還要走個好幾年的好運），他並未遭逢聖文森伯爵[19]以及納爾遜勳爵在地中海指揮調度的艦隊，順利地從土倫港脫逃。六月十二日，他半脅迫半賄賂地說服馬爾他騎士團[20]交出堡壘與海軍基地。他隨即洗劫島上的財庫、教堂、修道院，財物悉數歸於法國，並在馬爾他成立新政府、建立新的法治與宗教規章，還有新的憲法——不到一週全部搞定。為了再次閃躲納爾遜，他的人馬在亞歷山卓港附近登陸，並於七月二日發動攻擊。他隨即往南向開羅挺進。那是全年最熱的時節，沙塵暴和蒼蠅橫行，水源也極度短缺。七月二十一日，他將幾乎要暴動的軍隊，在金字塔附近整軍列陣，並且找到了一田的西瓜供士兵解渴。在當日發出的軍令中，他說：「四千年的歷史正俯視著你們」，並籲請埃及的馬木魯克[21]統治者出動其兇猛的騎兵來對付他的手下。他們真的照做了，騎兵團於是被法軍的砲火所剷除、與步兵團離散，而步兵團最終也為波拿巴的騎兵團擊破。法方僅僅損失二十九人，埃及卻有超過一萬人死亡。這場旋即被命名為「金字塔戰役」的勝利，得來全不費工夫，也大大提振了整個遠征軍的士氣。

波拿巴在七月二十四日抵達開羅。由於曾讓教宗低頭、並摧毀馬爾他騎士團，他遂自封為伊斯蘭的守護者。他成立了一個由法國人「監督」、由達官顯貴所組成的委員會，並指派自己為全埃及的統治者。他提名了兩百位當地人組成參議會，且著手起

18 賈克－路易．大衛（Jacques-Louis David, 1748-1825），法國新古典主義畫家。支持大革命，是國民公會的代表，也是羅伯斯比爾的好友。拿破崙執政之後，為其發展所謂的「帝國風格」，拿破崙騎著馬橫越大聖伯納山口的英姿即是他的作品。拿破崙失敗後流亡至布魯塞爾。由於學生眾多，對十九世紀初期的法國藝術影響很大。安東尼．尚．格羅（Antoine-Jean Gros, 1771-1835），法國新古典主義畫家，本書封面即為他的作品。

19 聖文森伯爵（John Jervis, Earl of St Vincent, 1735-1823），英國皇家海軍元帥，曾參與七年戰爭、美國獨立戰爭、法國革命戰爭、拿破崙戰爭。一七九七年在葡萄牙聖文森角的海戰中打敗西班牙艦隊，「聖文森」因而成為他的封號。

20 馬爾他騎士團（Knights of Malta），成立於十一世紀的騎士團，原名為「醫院騎士團」（Knights Hospitaller），是天主教本篤會為保護在耶路撒冷的醫護設施而成立的軍事組織。十六世紀來到馬爾他島成立國家，屢次遭到土耳其人進犯，直到一七九八年被拿破崙攻陷，騎士團從此失去領土。一八三四年在羅馬重建總部，如今是聯合國永久觀察員，世界上最小的國家之一。

21 馬木魯克（Mamluk），第九到十六世紀之間為阿拉伯哈里發和阿尤布王朝的蘇丹服務的奴隸兵，後來逐漸成為強大的軍事系統，亦建立自己的王朝。經常被作為傭兵使用。拿破崙遠征埃及的戰役使其幾乎銷聲匿跡。

草憲法。甚至還成立了埃及學院，好讓他的學者和科學家可以開始工作。

這一幅和平征服的景象，在八月一日被打破了。當日，納爾遜在亞歷山卓港內摧毀了整支法國艦隊，這孤立了波拿巴和他的軍隊，並促使土耳其向法宣戰。波拿巴還有別的麻煩。他收到消息，確認約瑟芬與他人有染。他的應變之道是試著去享受埃及達官送給他的十一歲處女（不太盡興）、一位少男（也不盡人意），並且開始與一位二十一歲的法國女子交往。她是寶琳．弗荷，他的「埃及豔后」。他也處理了一場市集的暴動，兩百五十名手下因此喪命，隨後並處死了兩千名阿拉伯人。他還面臨了一場嚴峻的腺鼠疫大流行，損失三千名法國人。儘管如此，他仍然決定要以一貫挑釁的手段，對土耳其先發制人、策動攻擊，並只讓四千五百名士兵留守開羅，而以一萬四千大軍進攻敘利亞。他先後拿下加薩以及雅法。在雅法的時候，因為害怕四千五百名囚犯造反，他下令全數屠殺，並以刺刀穿刺以及淹死的方法來節省彈藥。許多婦孺亦在暴行中受苦，這可能是波拿巴最可惡的戰爭罪行。瘟疫在雅法再度降臨。或許是為了抹除屠殺的記憶，更可能是為其政治公關提供素材，波拿巴造訪了瘟疫醫院撫慰士兵。多虧了畫家格羅，這幅溫柔的景象後來成為整個遠征軍的視覺高潮。

在遭逢土耳其的優勢兵力時，波拿巴的小型軍隊拿下了一些輝煌的勝利。但是在英國上將悉尼・史密斯[22]的領導以及土耳其人的頑強捍衛下，他未能奪得阿克雷港（據說史密斯可以連說自己的輝煌戰績長達三十六小時而不休息，因而贏得「長舌阿克雷」的暱稱）。波拿巴首次打了敗仗，這令他非常不安。他決定帶著餘下的八千名兵力返回埃及，卻在西奈沙漠遭逢駭人的沙塵暴。這次撤退可說是他未來在俄國慘敗後的小型預演，他要是知道的話就好了。然而當時，此番挫折僅僅讓他更加確定，他要拋下殘餘兵力，回返法國。這是一七九九年的夏天，從歐洲傳來的戰爭消息都非常慘烈。波拿巴以此作為逃逸的理由，雖然他也的確認為這是他「拯救」法國、往權力之梯更高處攀升的大好機會，並且還可藉此一掃埃及遠征軍的失敗陰影。八月十一日，他召集了手下的將軍，對於督政府的愚蠢與懦弱，憤慨地數落了一個小時，因此他必須回去，防止第二次反法同盟入侵法國。這是他第一次有備而來的激烈談話，而且奏效了：他們都同意他應該回去。一週後，甘同上將指揮巡航艦「謬宏」以及「卡瑞耶」，告知波拿巴前往法國的海路現在相對安全，於是他就走了，留下尚・巴提斯・克萊貝爾接手殘兵敗將。克萊貝爾後來總結說：「他給我們留下滿褲子大便。」還說他要「回

22 悉尼・史密斯（Admiral Sir William Sidney Smith, 1764-1840），英國皇家海軍上將，打過美國獨立戰爭，在阿克雷之役成功擊退拿破崙的進犯，當時官拜准將。拿破崙曾說：「這個人讓我無法完成我的命運。」

去巴黎，把波拿巴的臉壓進裡頭抹一抹。」

波拿巴的埃及遠征軍，如今不是以軍事挫敗的方式被記憶，而是一場文化的勝利。的確，「發現東方」對當時的法國形成了重大衝擊，尤其是對「業餘藝術家」、知識分子，或最起碼是偽知識分子來說。儘管過程極其艱辛，這群文化專家卻忠於職守。除了其他的發現之外，他們還挖掘出羅賽塔石碑[23]（但很快地就被英國奪走）。石碑上並列著三種文字，尚·弗朗索瓦·商伯良[24]（在英國人史密斯的協助下）解讀出象形文字，解開了兩千年的秘密。專家中最積極進取的莫過於藝術家／雕刻家維旺·德農[25]，出身自小貴族以及外交官，當那不勒斯還在舊體制統治下，曾為英國領事威廉·漢米爾頓爵士以及他那美麗又惡名昭彰的妻子艾瑪[26]素描，從此厭惡英國人。畫家大衛將他引薦給共和軍，在埃及，他找到了自己的天命。他熱情地擁抱古埃及藝術和建築，並隨著路易·德賽將軍上溯尼羅河。德賽將軍不僅贏過三場輝煌的戰役，更讓德農得以為幾座最了不起的廟宇素描並且雕刻。他後來寫了一本暢銷書《埃及的旅行》（一八〇二年），由他自己手繪的一百五十幅畫作構成，可以說是第一本好好描述古埃及文明的書籍。他另有二十四冊豐富精采插圖的《埃及記述》，也是奠基在這一百五十幅畫作之上。自從西班牙在十六世紀用數種古代語言出版了《康普魯頓合參本聖經》[27]以來，大概只有《埃及記述》能與之爭鋒。這可能是整個拿破崙時代所製造的最偉大的單一物件了（雖然塞弗爾製作的埃及晚餐瓷器系列也不遑多讓，目前由倫敦的愛普利斯宅邸收藏）。在波拿巴的熱烈支持下，這套叢書於一八〇九年開始發行，到一八二八年才出版完畢。德農在巴黎主導了埃及文藝復興的風潮，

23 羅塞塔石碑（Rosetta Stone），西元前一九六年製作、刻有古埃及法老托勒密五世（Ptolemy V）詔的大理石石碑，據此解讀出已失傳的埃及象形文，因而成為研究古埃及歷史的重要里程碑。石碑最初是法軍上尉布夏賀（Pierre-François Xavier Bouchard）一七九九年在埃及羅塞塔發現，但輾轉落到英方手上，一八〇二年起保存於大英博物館並公開展示。

24 尚．弗朗索瓦．商伯良（Jean-François Champollion, 1790-1832），法國歷史學家、語言學家、埃及學家。一八二二至二四年間投入研究羅塞塔石碑的工作，解開了其上象形文字的結構。曾擔任羅浮宮埃及文物館的第一任館長。

25 維旺．德農（Vivant Denon, 1747-1825），法國文物學家、畫家、作家，拿破崙的藝術顧問，著有兩本關於埃及的暢銷書，是現代埃及學的研究基礎。在拿破崙的埃及戰役之後被任命為羅浮宮館長。

26 艾瑪（Emma Hamilton, 1765-1815），二十六歲時嫁給已六十歲的漢彌爾頓爵士。一七九三年，時任海軍上校的納爾遜到訪那不勒斯，與漢彌爾頓夫婦結識。納爾遜雖與爵士結成好友，卻與艾瑪傳出緋聞，一度影響仕途。這段關係持續到納爾遜過世。

27 《康普魯頓合參本聖經》（*Complutensian Polyglot Bible*），十六世紀初在西班牙出版的聖經，舊約由希伯來文、拉丁文、希臘文對照，新約則由希臘文、拉丁文對照，並有亞拉姆文、拉丁文對照的《摩西五經》，以及希伯來文、亞拉姆文與希臘文字典。由於內含大量參考資料，為後來的聖經翻譯提供了重要的參照來源。

也將波拿巴塑造成一位文化大師與革新家，一個不僅能廣泛地訴諸法國、也能推及整個歐洲的「類文化復興」角色。簡言之，德農是文宣的天才，而波拿巴則人盡其才、大加擢用。他被任命為羅浮宮的館長（很快地更名為「拿破崙博物館」），以及所有法國國家博物館的館長。為了要充實這些館藏，德農獲得特許可以掠奪全歐洲皇室以及教會的藝術收藏品。

在文化英雄這個角色的前導下，波拿巴回到了法國。一如以往，他再次幸運地躲過納爾遜，並且飛快地從南部海岸返回巴黎，連督政府都不知道他已經回到法國了（一七九九年十月十六日）。他受到熱情的招待，更讓他確定在法國大革命時即已建立的對法國人、特別是巴黎人的觀感。他認為他們反覆無常、輕浮隨便，專注力很短，即使身處重大不幸，也可以輕易地用短暫的刺激來使他們分心。他發現他的挫敗被遺忘了，人們只記得他的勝利，而且都認為他是上天派來的救星，要從愚蠢的督政府手中拯救法國。

但督政府的愚蠢是在經濟上而非軍事上。早在波拿巴回返法國之前，將軍們就已修復了法國邊界的戰況——基本上是由米榭．納伊、安德烈．馬塞納以及紀堯姆．布律納所主導。但是通貨膨脹卻高漲到無法控制的局面。督政府的紙幣，原本是五十法郎對一法郎金幣，後來卻跌到十萬比一。新的徵兵法則加劇了通貨膨脹引發的痛苦，而新法也讓以巴哈斯為主的五位督政官，成為大家最深切仇恨的對象。當時食物嚴重短缺，貪污的指控無所不在。督政府中的約瑟夫．席耶神父[28]是個革命老手，曾先後推翻過丹敦與羅伯斯比爾。這次他決定要背叛自己的同儕，以換取眾人的青睞。他找來了外交部長查理－莫里斯．塔列朗[29]，以及警察總長約瑟夫．富歇[30]。三人挑選了波拿巴作為最可能發難的人選，以便將事態的發展導向暴力。即使拿大革命期間的每次不道德政變作為標準，霧月十八的政變（一七九九年十一月九日）仍然顯得非常卑劣，因為每個參與者都已準備好要背叛其他所有人，而且也沒有人會因為曾經立下的誓言而踟躕不前。如果波拿巴變成了一位超乎尋常的背信又虛偽的統治者，那我們必

28 約瑟夫．席耶（Joseph Sieyès, 1748-1836）法國天主教會教士，憲法理論家。擔任過督政府的督政官、執政府的執政官。一七九八年所寫的小冊子《什麼是第三等級》（*Qu'est-ce que le tiers etat? What is the Third Estate?*）可以說是大革命的宣言。隨後並促使三級會議轉型成為國民會議。一七九九年策動霧月政變，將拿破崙推上權力頂峰。

29 查理－莫里斯．塔列朗（Charles Maurice de Talleyrand, 1754-1838），貴族出身的法國政治家，連續六任法國政府的外交大臣或總理大臣。塔列朗與拿破崙的關係，詳見第四章。

30 約瑟夫．富歇（Joseph Fouché, 1759-1820），法國政治家，拿破崙時期的警察總長。曾經和席耶等共同策劃霧月政變。富歇與拿破崙的關係，詳見第四章。

須要記得，他崛起的政治背景是一個大家說話不算話、榮譽已死，而謀殺如家常便飯的時代。政變的導火線是一道命令，讓波拿巴成為巴黎地區所有部隊的指揮官，其中包括督政府的護衛。之後，拿破崙的導師以及恩人巴哈斯、其他督政官、五百人院（一個徒具橡皮圖章功能的議會）以及這個假民主政府的各種成員，就成了俎上肉。唯一值得留意的場景是波拿巴的登場。他在兩名擲彈兵的陪同下，全副武裝出現在聖克魯的五百人院大廳（其他的侍衛則留在外頭）。迎接他的卻是「罪犯！」、「殺了他」的怒喊。擲彈兵被痛毆、波拿巴則「抖得跟老鼠一樣」——他生涯中唯一一次遭到肢體攻擊。在那一刻軍隊衝了進來，將血流滿面的波拿巴救出。他卻將這次沒有事先說好的意外物盡其用：「大廳裡的那些人帶著刀，他們是英國的走狗。」在全體議員被捕的情況下，發布了新憲章進入籌備階段的命令。

公民投票表決通過之後，一七九九年十二月十三日公布的新憲章，解散督政府及其黨羽，並且採用古羅馬的方式成立「執政府」。第一執政是波拿巴，其他則是席耶和一連串傀儡人物。此外還有各種不同的機構，比方說國務院、護民院、立法院以及護憲元老院，都是設計來維持象徵性的門面。而真正浮現的，就是一人專政的軍事獨裁。這次的選民來源，比舊體制下的第一等級（教士階級）、或是下議院的人數都還要少，因此對於執政者的牽制也薄弱許多——實際上從未存在過——而執政權則已具體化為「第一執政」，當路易十四宣稱：「朕即國家」時，還不知道集權可以到此地步。事實上，新的第一執政要比路易十四強大多了，因為在這個軍事立國的國家裡，他直接掌握了軍隊。以前所有君權神授下的法律限制——教會、貴族及其物業、法庭、城市及其憲章、大學及其特權、行會及其豁免權——這些都在革命時被掃蕩殆盡，讓法國成為一張法律的白紙，供拿破崙將其個人橫掃千軍的勢力印記其上。在這次政變之後，波拿巴輕易地讓自己成為終身執政（一八〇二年八月四日），並在日後順勢登基為皇（一八〇四年五月十八日）。

但首先，他必須要帶頭打一場個人的勝仗來證明其龐大權力的正當性。在多年的革命和動盪之後，社會精英與大眾已經提拔了這位軍事獨裁者來強壓秩序，但現在他們期待他去驅散敵人。趁他去國之際，奧地利人已經重新佔領了北義大利的絕大區域，使他之前在那裡的軍事行動等於前功盡棄，也攪亂了坎波福爾米奧條約[31]所帶來

31 坎波福爾米奧條約（The Treary of Compo Formio）：拿破崙在義大利戰場勝利後，由法國與哈布斯堡皇室於一七九七年十月十七日簽訂的和約，標誌了第一次反法同盟的崩潰。條約中奧地利須向法國割讓多塊領土，包括奧屬尼德蘭（即比利時）、地中海數個島嶼，包括科孚島及其他威尼斯共和國在亞德里亞海的島嶼，而威尼斯及其領土也被分割。此條約代表了拿破崙的崛起，但也僅是之後一連串戰爭間的短暫喘息。

的和平。因此對他來說，義大利是順理成章的戰場。一八〇〇年的前幾個月，波拿巴都在重整軍隊。然後親率五萬大軍，在五月的第三個禮拜穿越大聖伯納山口[32]（那時仍然是寒冰深雪），為這次軍事行動展開了響亮的序曲。在畫家大衛的捕捉下，這幅軍事獨裁者在大雪中揮兵前進的畫面，製造了波拿巴最傑出的形象。事實上，他是騎著一匹倦乏的騾子登上阿爾卑斯山，牠一邊在冰上滑行，他則一邊抽牠罵牠。雖然他們途中失去了許多重裝備，但他的確讓部下安全地通過。他得意地說道：「我們閃電似地降落在奧地利人身上。」

這一趟再度遠征義大利，滿布荊棘而且幾乎釀成大難。戰役的高潮發生在馬倫戈（一八〇〇年六月十四日）。當時波拿巴的火砲已經短少，並且只剩下差點要窩裡反的兩萬四千人來對抗數量龐大的奧軍。他的愛將德賽將軍救了他。他讓波拿巴得以在十四個小時的苦戰之後，發動驚人的反擊；也是他讓奧軍潰散逃命，大失一萬四千名士兵。德賽在勝利之際陣亡，波拿巴則罕見地表達個人的崇敬之意。馬倫戈會戰被當成是波拿巴最輝煌的勝利之一，但其千鈞一髮的程度，使得勝負可能瞬間逆轉。戰火並未因此役終止，還一直延燒了整個夏天與秋季，直到另一隊法軍於十二月三日在霍恩林登殲滅了奧軍主力，維也納至此門戶大開。一八〇一年二月雙方簽訂了呂內維爾條約，奧地利被迫承認法國在荷蘭、日耳曼以及義大利建立的數個衛星政權，並且允許法國以萊茵河為其東方疆界。拿破崙將此和平局面攬為己功，隨即又與英國簽下亞眠和約，而他所得到的獎賞就是成為終身執政。

同時間，他進行了一項影響長遠的、具有政治家風範的行動，來與自己的革命歷史做切割。他不僅沒有宗教信仰，其實也很明白地討厭教士，除了他那個有用的科西嘉舅舅樞機主教費許[33]之外。但是他知道大多數的法國人都是、也仍然是天主教徒，查禁和迫害法國教會對他來說完全沒道理。在天主教的法國，一個被迫害的教會是社會動盪的焦點和藉口，尤其是在西南部、布列塔尼以及亞爾薩斯－洛林。再者，他覺得神職人員很適合當學校老師，起碼在小學階段，能對年幼的孩童灌輸簡單的道德規範，並讓他們尊重適當建構的權威。尤有甚者，藉由與教會重修舊好，也讓他得以與

32 大聖伯納山口（the Great Saint Bernard Pass）海拔二四六九米，由東北向西南延伸橫跨阿爾卑斯山，是最古老的跨越西阿爾卑斯山的山口。山口處一所始建於一〇四九年的旅舍目前仍在接待遊客，旅舍以馬松的聖伯納德（Saint Bernard of Menthon）命名。一九二三年，羅馬教宗庇護十一世確認伯納德為「守護阿爾卑斯山的聖徒」（Patron Saint of the Alps）。

33 費許主教（Joseph Fesch, 1763-1839），拿破崙的母親萊蒂西亞同母異父的弟弟，父親是出身巴塞爾貴族的海軍軍官。進入教會後先是出任里昂大主教，之後晉升樞機主教。

舊地主、舊貴族的和解鋪路。他希望這些被大革命放逐的人能回來，為他的政權提供更進一步的正統性。波拿巴在一八〇〇年看到的是，作為第一個歐洲統治者的無限遠景在他面前展開。但他也理解到，這些遠景需要法國在他的領導下統一起來，或盡可能地統一起來。

因此在一八〇一到〇二年間，他與教宗庇護七世[34]談妥並且立法通過一項協議。此項協議反轉了在一七九〇年代所通過的大革命律法，重建天主教為「大多數法國人」的宗教。某方面來說，它回到了里奧十世與法蘭斯瓦一世早在一五一六年就定下的政教條約，讓法國政府可以監督高階神職人員的任命以及低階人員的薪俸。此一條約持續到一九〇五年，直到在德雷佛斯事件的餘波中成了反教會的祭品，可以說是除了拿破崙法典之外，波拿巴最持久的文職成就了。條約中還包含了法國和羅馬教廷建立正式關係的協定，讓庇護七世得以批准波拿巴接受冠冕，並主持登基大典。

波拿巴的登基大典已近在眼前，然而加速其發生的，卻是皮歇格魯在一八〇三年十一月發動的暗殺陰謀[35]。參與者還有維克多．摩羅將軍（波拿多在軍事上的對手，也是在霍恩林登打過勝仗的英雄）、英國秘密情報組織以及喬治．卡督達爾（布列塔尼朱安黨叛軍的頭子）。整起陰謀是計畫要殺了拿破崙，改立新的執政。策畫者受到了不同的處置，而在過程中，有一位不甚重要的皇室成員——年輕的昂基安公爵，被波拿巴從日耳曼騙過來，然後在司法審判中遭到處決。昂基安可能是無辜的，而且肯定是無害的，他的死只是要讓更多危險的流放分子感到恐懼。如今大眾都擁戴波拿巴稱帝，他也表現出無疑的決心，如此一來，世襲的繼承制度會永久地鞏固政權，而針對他的刺殺行動也就沒有意義。五月四日，參議院提案並通過一項決議，宣告波拿巴成為世襲的「法蘭西人的皇帝」，頭銜為「拿破崙一世」。五月十四日，新憲法頒布，十一月六日公民投票表決通過，三百五十七萬一千三百二十九票贊成，二千五百七十票反對（波拿巴是第一個假造選舉數據的獨裁者）。法律賦予了波拿巴提名繼承者的權力，如果有必要的話，養子也行。登基大典於一八〇四年十二月二日在聖母院舉

34 教宗庇護七世（Pope Pius VII, 1742-1823），原名Giorgio Barnaba Luigi Chiaramonti，一八〇〇年就任教宗，在位二十三年。最廣為人知的事蹟即是為拿破崙加冕時，皇冠被拿破崙奪走，由他為自己及皇后加冕。一八〇九年拿破崙併吞教宗國屬下各邦，庇護七世再度將拿破崙革除教門，隨後被拿破崙逮捕囚禁，直到拿破崙一八一四年退位後才獲釋。

35 保皇黨人想要推翻拿破崙，他們認為只要將拿破崙除去，法國必然陷入動亂，則皇室必可借外力而重回法國。謀刺行動主謀皮歇格魯是拿破崙在布希安軍校時期的數學老師。刺客探知拿破崙將與約瑟芬一同觀賞歌劇，於是在必經的一處狹窄街道安置炸藥，但功敗垂成，同謀者多遭槍決。

行。從裝潢到整體視覺，無不金碧輝煌。教宗也來了，在天寒地凍的大教堂裡等了四個小時後，儀式舉行時卻被拒絕行使他的職權，因為波拿巴從祭壇把皇冠拿來，戴在自己和約瑟芬的頭上。對於這樣的舉動到底是自發性的，或是彩排過並且得到教宗同意的，一直多有爭論。典禮美中不足之處是約瑟芬和波拿巴姊妹之間的紛爭。她們恨她，對於被叫去拉她的裙襬也很憤慨。當皇冠落到她頭上時，約瑟芬哭了出來，後來卻抱怨好痛，因為在接下來冗長的登基盛宴中，她都被要求得一直戴著皇冠。到目前為止看來，波拿巴登基加冕之後並沒有造成任何改變，不論是跟流放的保皇黨人取得和解，或是讓歐洲皇室敞開心胸接納他的合法地位。相形之下，打勝仗贏來的和約還更具正當性。成為皇帝讓波拿巴失去歐洲多數自由派的支持，卻大大提升了他在軍隊裡的權力，尤其是對於中下階層士兵的號召。以這點威望為基礎，這位新手皇帝分封了不少附庸王國、親王國、公國，也任意頒行、授與又屢屢撤銷了諸多的勳章、獎賞、將領任命、各色協定與特權。然而在這華而不實的金光閃閃背後，波拿巴得以確保的地位，並未超越他上一場勝仗的斬獲。

CHAPTER THREE

第三章

戰場上的大師

✣ ✣ ✣

波拿巴天生適合從軍，他是一流的士兵、將軍、指揮官，也是敵對軍力的致命終結者。他的生涯目標就是要迅速地移動到一個位置上，好跟敵人進行一場大決鬥，殲滅敵軍、攻下首都，並主導和談的條件。如果有選擇的話，他一定都這樣做。他絕對堅守自己的大戰略，而這麼做大致也對他多所裨益。這工作很適合他的個性：勇敢、過動、進取，缺乏等待結果的耐心。的確，缺乏耐心是他很顯著的特質，對他來說有利也有弊。完全了解波拿巴的強項與弱點的威靈頓，就曾經注意到他缺乏打一場防禦戰的耐心。而在一八一三年到一四年的冬天，即使看起來像在打保衛戰，他其實也在尋找機會出擊，好贏得一場決定性的、攻擊性的戰役。

因此，速度是波拿巴方法的基本。他一方面運用速度來確保敵我之間的不對等，在對方完成部署和行動之前就率先出擊；另一方面也用速度來製造戰略上和戰術上的驚奇。他在歐洲大陸上移動大型軍隊的速度之快，可說前無古人。他之所以能這樣做的原因是：首先，他能解讀各式大小的地圖，並據此規劃出最快、最安全的路線；在研究地形時，他能在腦中將其轉化為視覺，將想像力發揮到極致。其次，在優秀的參謀人員協助之下，他得以將這些軍事路線翻譯成鉅細靡遺的命令，以十分驚人的速度和嚴謹態度，下達至所有的部隊。其三，他將自己對於速度和快速移動的偏好灌輸給所有指揮官。的確，一般士兵之所以能快速移動、將長途行軍視為理所當然，是因為他們知道，一有可能，波拿巴就會試圖讓他們輪流搭一搭錙重車（在百日王朝[1]期間，他甚至不須強迫所有部隊行軍，就讓他們前進到了巴黎）。

波拿巴自己為速度立下了典範。他不只常常鞭打自己的坐騎，也會鞭打同行副官的馬。他對馬力的消耗史無前例，且令人驚懼。在追求速度的過程中，數十萬匹軍馬因驅使過度而死去。總共有上百萬匹馬死於波拿巴的大小戰役中，因此尋找替代的馬匹就成為他最棘手的補給問題。法軍補充新馬的素質，在一八〇五到一五年間持續惡化。這正說明了法國騎兵的表現何以每況愈下。

波拿巴部隊移動之快速，也來自於強烈的動機。軍隊都將自身的利益與未來寄託在波拿巴身上。軍階越低，認同就越完整。這很令人匪夷所思，因為波拿巴視士兵的生命如草芥，只要能達成目標，他才不在乎人員折損。一八一三年，在一場長達一整天、關於歐洲前途的辯論中，他告訴梅特涅，為了確保他無上的權威，他很樂意讓一百萬人為他犧牲。尤有甚者，除了曾讓軍隊陷入困境、並因此取消軍事行動之外，他一再地棄守部隊、任士兵自生自滅，只為了要趕回巴黎以確保其政治地位。這在埃及、俄羅斯、西班牙跟日耳曼都發生過。從沒有人針對他擅離職守、或是麾下的法軍折損（一年大約有五萬名士兵陣亡）質詢過波拿巴。相較而言，威靈頓在伊比利半島六年

1 百日王朝（Hundred Days），指拿破崙一世在被流放後重返法國，試圖重建帝國的一連串事件。一八一五年三月二十日，拿破崙從厄爾巴島逃到法國，集結軍隊，把剛復辟的波旁王朝推翻，再度稱帝；六月二十一日，因為滑鐵盧戰役的失敗，拿破崙再被流放到聖赫勒拿島，波旁王朝再度復辟。拿破崙重返帝位總共一百零一日，史稱「百日王朝」。

的軍事行動中，不論是棄守、或是其他任何事故，總共只有三萬六千人喪命，平均一年六千人。這樣的不對等，讓威靈頓曾經酸溜溜地感嘆道：

我很難想像有哪一位統帥比拿破崙更加偉大了──尤其是在法國軍隊裡。他有一項驚人的特權──那就是他不用負責任，可以為所欲為。在他手中喪命的士兵數目是空前的。我的情況則是，每一個人員的傷亡都很重要，我無法如此冒險。我很明白如果沒有急迫的必要，卻折損五百個人，我就要被拖到下議院的欄杆前下跪了。

除了生涯初期之外，波拿巴一直享受著冒險的自由，而他的敵人沒有一個有這樣的特權。他們每個人都有忌妒的對手環伺，並且都得服從政治當局。波拿巴則從頭到尾將這項自由利用到極限。這麼做完全符合他快速侵略、好戰求戰的大戰略，而且通常都能奏效，一旦無效，波拿巴就身體力行那句古老的軍事教條「決不增援敗軍」，一走了之。

軍人喜歡走這樣高風險的路子。算起來，在一個防衛型的謹慎指揮官底下，與在一個進攻型的指揮官底下，喪命的機率是一樣的，而且又沒什麼洗劫掠奪的機會可以來平衡風險。士兵喜歡行動。高死傷率代表更快的升遷以及更多的軍俸。尤有甚者，與其他軍隊不一樣的是，波拿巴通常論功行賞。士兵很有機會可以晉升到高階士官，甚至有可能得以成為軍官，乃至將軍。在波拿巴的規則下，一個能幹的士兵可以轉進禁衛隊，那是軍中的精英勢力，薪俸跟步兵團的中士領的一樣多。吃得好（有可能的話）、拿得多，還能洗劫一番，這些都是波拿巴的物質誘餌。他也跟手下稱兄道弟。百日王朝期間，拜倫的朋友哈布豪斯曾目睹波拿巴檢閱行軍隊伍，他很驚訝地發現，波拿巴竟然把士兵從隊伍中叫出來，然後拉他們的鼻子。這是一種情感的表現。他也會用力掌摑寵愛的士官，完全不被視為突兀。波拿巴知道如何在營火旁跟士兵交談。他的公開演說總是簡短扼要：「士兵們，我期望你們今天能奮力打仗。」「士兵們，要勇敢堅決。」「士兵們，讓我以你們為榮。」波拿巴喜歡、也希望他的人馬為他歡呼。威靈頓則剛好相反，他將歡呼視為「危險的、接近於一種意見的表達」而完全摒棄；碰觸軍官則是他從來沒想過的事，更別提士兵了。他痛恨把士兵拔擢為軍官，因為他相信這樣晉升上來的軍官仍然是酗酒的奴才。兩種做法各有利弊。

波拿巴成為第一執政，接著又龍袍加身之後，他就將士兵變成一個特權階級。威靈頓常常觀察到，當波拿巴出現在戰場上，他一個人就抵得上四萬大軍。威靈頓並不是在讚美波拿巴的戰術技巧，而是在反映波拿巴的力量。一八三六年他在寫給史丹厚普爵爺的備忘錄中，解釋了他為什麼這麼說：

（拿破崙）是一國之君，也是軍隊的統領。那個國家以軍事立國，所有的機構都是為了要打造以及維持軍隊而成立，以作為征服之用。國家的所有職位、獎賞，都優先保留給軍隊獨享。軍隊裡的軍官，甚至是一個小兵，都能覬覦某個王國的統治權，以作為他服役的獎勵。有如此架構的軍隊，在這樣的統治權面前，顯然能夠讓士兵更加賣力。

威靈頓又補充道，法國所有的國家資源都導向波拿巴指揮的特定機構，以極大化其獲勝的機會。不像其他的總指揮官是被授權的，波拿巴享有的是直接的權力，威靈頓還說，其至高無上的權力，在戰場上前所未見。波拿巴對部屬的指派全憑自己高興，完全不需要諮詢任何人（威靈頓則剛好相反，禁衛騎兵團的將軍們常常讓他勉為其難，有時候甚至不讓他自己選擇參謀人員）。最後威靈頓認為，波拿巴至高無上的統治權，平息了將領之間的爭議，賦予法國軍隊行動上的統一。

威靈頓沒有更進一步點明的是，波拿巴也控制了國內所有傳播的管道，包括了阿諛奉承的媒體。因此除了緊要關頭之外，他可以向法國大眾以及全世界呈現自己版本的軍事事件，以及個人和團隊在其中扮演的角色。他並不是第一個了解宣傳效益的元首兼統帥，但無疑地是第一位認清公關活動在戰時的核心重要性，並把逐漸擴大規模的媒體運用到極限的人。當時從巨型的海報公告，到由蒸汽動力印製的報紙都已經面世。國有的通信和郵電系統則意味著他總能將自己的版本率先傳到巴黎，例如，他將遠征埃及描繪成巨大的文化勝利，而非海軍與陸軍的全面失敗。必要的話，他也能操控暴民，就像當代阿拉伯軍事獨裁者的做法一樣——但不是透過一黨獨大的政黨，而是藉由國家禁衛隊，以及其他革命時期倖存下來、仍對他效忠的類軍事組織。在拿破崙活過的那個舊時代，公民暴動威脅了效忠王室的官兵，進而說服了官兵不要效忠王室。但現在他反轉了這個過程，軍隊為政治定下基調，而公民從之。

在拿破崙時期（一八〇〇年到一四年），軍隊有全法國在背後撐腰，這對當時任何其他歐洲國家來說都是不可能的事。軍隊是國家的首要機構——某個程度來說它幾乎就是國家——這點軍人都很清楚。這使他們感到驕傲、並以此支撐著士氣。這是波拿巴軍事勝利的關鍵之一：他能利用這股鬥志、依賴它、剝削它，直到它最終在西班牙與俄國被摧毀為止。在波拿巴巔峰時期，法軍在其帶領下有一種令人妒忌的、整體的自傲感。它知道自己是最好的。相對的，這也能激發恐懼，除了最優秀的專業軍隊之外，但有時連他們都不能倖免。

的確，恐懼是波拿巴最好用的武器，也是他最常運用的。在他攻擊性的策略中，恐懼讓他能先馳得點——那就好像在法軍開火之前，已經有一個隱形的軍隊軟化了敵軍的防禦。除了少數例外，波拿巴在軍事行動中面臨的都是國際聯合的盟軍，如果經過適當的整合與布署，後者的兵力要優越得多了。因此他的策略不僅是要迅速出擊，更是要趁敵方的軍隊聯手之前，尋隙出擊。他會個別發動攻勢，希望能在數量上取得優勢，然後各個擊破。因此盟軍很少能以量取勝，即使可以，波拿巴那威名遠播、出其不意的重整能力也多能攻破敵陣。

有了這些初步的優勢，波拿巴的戰術通常是簡單的。當然他知道所有古老的計謀——圍攻、背後突擊、埋伏——並且在適當時機施展。他對地形的了解和運用全面而廣泛，只要有可能，他會特意挑選戰場，一旦他的軍隊在挑選的地點部署好之後，他所做的就只是攻擊而已。他的兵法和戰略合而為一，而且這麼做非常有道理。在十九世紀早期的戰爭中，沒有盔甲的士兵暴露在槍砲之下，一個分隊若要維持緊密的陣仗，士氣是不可或缺的。一旦軍心渙失，很容易就碎成散沙而各自逃命。不論多麼訓練有素，如果要一支部隊長距離執行複雜行動，很容易就會陣勢大亂。因此計畫越單純越好，而最簡單的計畫就是：進攻！

尤有甚者，在波拿巴指揮下的法軍，就是為了攻擊而訓練、組織起來的，他們的裝備和陣仗能夠有效地出擊。由專業的貝爾提耶將軍所組織的優秀參謀總部以及可靠的野戰信號系統，代表他們能在適當時機以及良好的協調下進行攻擊。沒有固定的程序，但是通常如此進行：首先，是密集的大砲彈幕。波拿巴有精良又充足的槍砲，還有優異的砲兵。他的騎馬砲兵能將大砲拖曳至靠近敵軍的範圍，讓大砲不需瞄準就能射擊，命中率因此增加三倍。要是敵軍的騎兵試圖進攻，那他們便飛奔離開。應對大砲火網的適當方式是挖淺而窄的壕溝，這意謂著要攜帶鏟子，然而通常都不可得。替代方案是威靈頓在半島戰爭[2]早期偶然發現的，後來只要有機會他就這麼做。他會叫步兵躺下來，尤其是在斜坡的反面上（如果有的話）。這讓傷亡人數接近於零，並且

2 半島戰爭（Peninsular War, 1808-1814），發生在伊比利半島的拿破崙戰爭之一，起因於法國為了突破英國的海上封鎖，與當時的盟友西班牙進佔了葡萄牙，葡萄牙轉向英國求援，威靈頓即為英葡聯軍的總指揮。

讓步兵了解到，他們無需畏懼法國的槍砲。但是奧軍、普魯士軍隊以及俄軍的指揮官從未採用這個戰術，因為他們害怕陣形會因此散掉。在所有的戰役中，波拿巴開場的彈幕戰通常都有顯著的功效，不僅造成嚴重的傷亡，並且引發更多的恐懼。

一等彈幕平息，跟在槍砲後面的騎兵就會偵測出敵軍防線最弱的部位，然後在適當時機衝鋒。連威靈頓也承認，波拿巴擁有當時歐洲最精良的騎兵（他認為自己的騎兵很勇猛但不受令，而且常常會危及自家人）。他們的極大優勢是只需發動有限的攻擊——換言之，他們會先進攻某個部位，然後重新整隊，而不是個別去追逐逃跑的士兵。法國騎兵隊的訓練與軍紀，主要是來自一些傑出的指揮官，尤其是馬塞納和穆哈，但不只他們兩個。原本配備十分精良的法國騎兵隊，在一八〇八年之後，由於馬匹的素質滑落，導致騎兵隊的自信以及攻擊力道也一落千丈。

波拿巴還不至於蠢到會相信，在面對堅決而專業的敵軍時，光靠著槍砲和騎兵就能確保勝利。在主導並佔有戰場這件事情上，步兵是不可或缺的。他們也被訓練成要激發恐懼，一面兇猛地擊鼓與吹響號角，一面發出戰吼，然後敏捷地衝鋒陷陣。波拿巴善用戰爭喧囂的威脅力道，並且以制服的設計——也就是讓他的步兵看起來更高——來強化這份威脅感。資深禁衛隊尤其如此。他們本來就是以身高遴選的，但是可達兩呎高的黑皮高帽，有時讓他們更加令人生畏（資深禁衛隊至少要有五年經驗，青年禁衛隊則是每年徵招兵源裡最優秀的）。禁衛隊總數約五萬人，本身形成了一個獨立軍隊（很像希特勒的黨衛軍）。他們通常被部署在步兵團之後，一有需要就被派到任何部位作戰。他們在場有讓步兵安心的作用，如果步兵做好了份內的工作，那他們就完全不需要行動。因此，很弔詭地，精英階級的禁衛隊，尤其是最精良的資深禁衛隊，比其他單位都還少參與行動，不像英國的禁衛隊總是深入戰局中。這可能造成很嚴重的後果。在最需要他們的滑鐵盧之役，資深禁衛隊就讓波拿巴失望了。

在完成三波的進攻之後，波拿巴會重新評估戰術情況，然後採取相對應的措施。如果找得到的話，他會從一處高地、或是建築物的屋頂來指揮軍事行動。有時他會下令搭建鷹架。但這很危險，儘管波拿巴相當勇猛，他本人卻不會冒沒有必要的險。他會穿著禁衛隊輕騎兵的暗綠色內層制服，有時還外加一件灰色的長大衣，顯得很不起眼。他在行動中絕對不會穿戴任何飾件（納爾遜就是因為配戴著閃爍星徽站在後甲板區，以致在特拉法加一役中吸引了法軍狙擊手的注意而喪生）。威靈頓依循同樣的模式，穿著幾乎與老百姓無異的深色西裝。但是波拿巴會橫著戴他的軍帽，威靈頓則把帽子從前到後直著戴。為什麼呢？威靈頓喜歡舉起他的帽子，那是一種禮貌，也是便於回禮致敬。波拿巴則從未向任何人舉帽過。

兩個人都很頻繁地使用望遠鏡。波拿巴還常批評法國的光學工業，沒有研發出更好的產品。法軍還有一則惡名昭彰的軼事：因為英國軍官擁有較佳的望遠鏡，所以法國軍官在俘虜英國軍官後，第一件事就是接收他的望遠鏡。

在一場煙硝四逸、視線不良的大戰中指揮，不是件簡單的差事。拿破崙戰爭的畫作，大部分都是由不在場的畫家時隔甚久以後繪製，他們將場景予以誇張地簡化了。但是在亞斯本，一位專業的奧地利水彩畫家親身來到戰爭現場作畫，他高踞一棟建築物之上，因此得以觀察到戰場的大部分，其作品的逼真性，讓觀者留下了混亂迷惑的印象。難怪有經驗的將軍都偏好簡單的計畫。要發布新的命令並不簡單，通常必須依賴一位勇敢可靠的副官來傳達。作為參謀長，貝爾提耶永遠都會派遣一位以上的軍官來傳遞重複的命令——距離遠的話，有時派上一打也可能。但這種波拿巴常常享受的奢華待遇，乃是因為他可以指揮的資源幾乎毫無限制。然而在戰爭最後，副官也都消耗殆盡了，這時各種人都得去參與傳遞紙條的工作。在滑鐵盧之役，威靈頓發現了一個愛國的英國遊客，不知怎地捲入了戰爭之中，於是善加利用派他去當傳令兵。但是通常一個指揮將領必須親自奔馳在戰場以下達命令，他們便常常因此而喪命或被擄。

雖然波拿巴是位超級富有創業精神且極具侵略性的戰略家與兵法家，但是在很多方面，他更像是個保守的軍人。許多對他大有助益的軍事發明，如參謀總部、新型大砲、信號系統等等，在舊政權或是大革命期間就已經出現了。法國有卓越的軍火庫和軍工廠，但他從來沒有成立一個部門來研究，並善用科學戰爭或是新科技——雖然他很頻繁地針對科學方法予以公開表揚。法國擁有許多技藝純熟的工程師、化學家、物理學家以及生物學家，原本都可以為軍事所用。打造第一艘蒸汽船的美國海軍工程師與發明家羅勃・富爾頓[3]，是個激烈的反英分子，他曾懷抱各式各樣的想法現身法國，尤其是潛水艇這個點子。但是法國海軍本部只給他很淡漠的支持，波拿巴本人則完全不表興趣。戰爭科技的發展要直到後來，才由英國上校亨利・夏拉普諾[4]發明了最具殺傷力的榴霰彈而稱霸數世代，以及位於伍利奇的英國皇家兵工廠著手研發火箭。

3 羅勃・富爾頓（Robert Fulton, 1765-1815）確實曾於一七九三年至九七年間打造他的第一艘潛水艇（Nautilus），並於一八〇〇年在法國海軍部贊助下進行試航。拿破崙雖然一開始不表興趣，但等到隔年他想看的時候船身已遭解體。富爾頓也是最早製造出魚雷的發明家之一。

4 亨利・夏拉普諾（Henry Shrapnel, 1761-1842），英國軍人，一七八四年發明榴彈，並在後續戰役中證明其效用，一八〇三年英軍加以採用並改良成榴霰彈，以其姓氏命名為shrapnel shells。一八三七年晉升陸軍中將。

天才軍事科學家多明尼克・尚・拉雷[5]的服役讓波拿巴受惠良多。拉雷將其一生奉獻給軍事醫學，並跟著波拿巴打過一些最艱鉅的戰役。他發明了「救護飛車」，是第一個有效地將傷兵快速運離戰場的交通工具，也是拉雷救護系統的一部分，以確保盡可能地讓最多的傷兵受到最快而且適當的醫療照顧。無疑地這招奏效了，並且拯救了無數的生命。此外，拉雷還反對軍醫動不動就截肢的殘忍習慣，那通常是因為子彈進入四肢時，夾帶了些衣物而引起發炎。他認為四肢一般是可以救回來的，也多次證明了這個論點。

然而令人想不透的是，雖然波拿巴對於拉雷的技術和人格讚不絕口，卻從來沒有讓他指揮整個軍醫系統。這個職位給了一個年紀較大、較保守的人，皮耶・法蘭斯瓦・貝西。他原本是陸軍的外科主任，後來在一八〇一年到他退休的一八一二年之間，成為「大軍」的外科主任（「大軍」始於一八〇五年，指的是當有大戰開打時，拿破崙的部隊會集結成一個大軍團）。拉雷有段時間的確接任了他的位子，但是當波拿巴從厄爾巴島回來時，他又再次指派貝西，當時他顯然已經力不從心了。在大部分的戰爭期間，拉雷都必須安於禁衛隊外科主任的位子，禁衛隊則十分肯定他的方法。波拿巴只有一次親自召喚他。波拿巴偏好的是一七九六年到一八一四年間為他服務的亞歷山大・伊凡，原因是伊凡對於截肢以及解剖刀的運用持老派看法，比較省時間，也不用多加照顧與用藥。波拿巴亦寧可冒著失去四肢的危險，也不要有任何潰爛或是死亡的機率。他的偏好同理可證，貝西是一個又鋸又砍的老派傢伙。在這裡我們看到一項波拿巴人格中至為關鍵的特質。就像許多人一樣（說不定是大多數的人），總體看來激進又「進步」，卻在特定事情上傾向保守，尤其是在他自認精通的事物上。戰爭傷害就是其中一項，槍砲彈藥也是。在這些事情上，他覺得在他年輕時的那些發明就已足夠，雖然他也會調整一下標準裝備，但是從來不做大幅度的改變。浮橋、可動式金屬搭橋材料、攻城榴彈砲，任何跟海軍有關的科技，包括駁船跟軍艦，他都不感興趣。他鮮少使用偵測氣球，儘管當時空防的討論已經很熱門，但是他完全不關心。他也輕忽了蒸汽動力，雖然牽引機和鐵路才剛剛萌芽，但是在接下來的數十年當中，鐵路將大幅改變全盤戰略。有人會說，軍事鐵路是為波拿巴快速移動部隊的地理策略量身打造的，然而他偏好的是改善舊的軍事道路系統，其中大多是在路易十四時代就鋪設的。事實上波拿巴引進了許多創新，信號系統就是著名的例子。但是他對信號也不熱中，他比較中意的是年輕時讓他大放光芒的舊體系，而在聖赫勒拿島他則徹底地鄙棄

5 多明尼克・尚・拉雷（Domenique-Jean Larrey, 1766-1842），法國外科醫師。一七九七年入伍，在埃及、蘇丹、敘利亞等地建立軍醫院，改進戰時手術、野戰醫院和軍隊救護系統。一八一五年後致力於寫作與平民的醫療照護。

信號系統。波拿巴外表看來激進，骨子裡卻頑強、倔強而保守。

可能有人會想，波拿巴應該會贊成這句現代的美國俗諺：「沒有壞就不用修。」他接手了什麼，就在其基礎上改良精進，但是要去改變一個合其所用的軍事機制，他的意願不高。他大有理由自滿。作為戰場上的常勝軍、征服者、敵軍的摧毀者以及各國政府的打壓者，他的紀錄至今無人能及。或是說，必須要追溯至亞歷山大大帝才能找到可堪比擬的輝煌勝利。在這個階段，我們或許可以總結一下他的戰爭與戰役、與之對抗的盟軍，還有他怎麼對付他們。

一七九二年到九七年間的「第一次反法同盟」，起因是法國進攻了奧屬尼德蘭。法國是對奧地利皇帝的匈牙利國王身分宣戰，希望不至於啟動奧地利的防衛條約。但事實上同盟很快地就形成了，包括奧地利、普魯士、英國（一七九三年加入）、那不勒斯、葡萄牙、西班牙、瑞典，和其他小國家。這個同盟總是不同調，一七九五年，托斯卡尼、普魯士、盧森堡、瑞典和西班牙叛離了，簽下各自的和平條約。波拿巴在一七九七年以領導者的角色登場，並在贏得義大利之役後，強迫奧軍於一七九七年四月十七日在萊奧本簽署停戰協定，十月的坎波福爾米奧和約則確立、鞏固了協定的內容。

曾在海上贏得勝利、奪過法國海外資產的英國，拒絕了法國的條件，持續與之對抗並且試圖組織「第二次反法同盟」。英國從一七九八年開始有系統地在那不勒斯資助同盟的盟友。英國海軍在尼羅河之役戰勝波拿巴的艦隊，更進一步鼓舞了士氣。第一個加入英國的是那不勒斯，其他幾個義大利半島上的國家、奧地利（普魯士則是善意地保持中立）、俄國以及土耳其，也相繼加入。土耳其在法國佔領愛奧尼亞群島時採取了行動，但是奧地利輸掉了義大利的戰場。波拿巴的預備軍挺進到聖伯納山口，從其背後襲擊，打贏了馬倫戈這一場決定性戰役（一八〇〇年六月十四日）。十一月，雖然他滯留巴黎以鞏固其政治地位，但還是遙控了一場在日耳曼與奧軍對峙的激戰，以霍恩林登的勝利畫下句點（十二月三日）。奧地利在一八〇一年二月同意締和，簽訂了呂內維爾和約。同月，波拿巴最激烈而堅決的對手，英國首相威廉．皮特[6]去職。至此，英國的盟友僅剩葡萄牙，同盟形同瓦解。皮特的繼任者亨利．艾丁頓[7]，於一

6 威廉．皮特（William Pitt the Younger, 1759-1806），英國政治家，一般稱之為小威廉．皮特，以別於他的父親老威廉．皮特。二十四歲即任首相，迄今仍然是英國歷史上就任時最年輕的首相。小皮特首相任內，歐洲風起雲湧，因領導英國對抗法國而聲名大噪。一八〇一年曾辭職，一八〇四年又再次出任首相，兩年後在任內去世。

7 亨利．艾丁頓（Henry Addington, 1757-1844），與小皮特是從小到大的好朋友。當小皮特為了政治改革與英王喬治三世鬧僵了之後，兩人都堅持要艾丁頓來組閣，雖然他個人一點也不想要。任內最重要的政績之一就是簽訂對英國有利的亞眠和約。

八〇一年十月在亞眠簽訂了初步的和平協定。這是從一七九三年到一八一四年英法對抗期間，唯一的一次休兵。

連這也不長久。在英法皆有疑慮的情況下，雙方都沒有遵守和約的條件，並互控對方背信。一八〇三年二月，波拿巴召見了惠特沃思爵爺，他是英國駐法大使，也是一位老派的紳士外交官。在這場火爆的會晤中，惠特沃思幾乎沒有發言的機會，以致他判斷這場會談的目的是要「恐嚇與脅迫」。他的報告中寫道：「如果在私底下，這樣的行為會強烈地被視為缺陷」，這就是他在這一場激烈言談之後的結論。他還傲慢地補充說，波拿巴使用的一個說法，「過於猥瑣和粗俗，根本不能出現在公報或其他地方，只有馬車伕才說得出口。」一個月之後，三月十三日，波拿巴在杜勒麗皇宮一場公開的外交官招待會上，又重演這場戲。惠特沃思是一個高大、氣宇軒昂的人，他的身材、自制力與沉默寡言，觸怒了波拿巴。波拿巴一邊走向惠特沃思，一邊以所有賓客都能聽見的音量，指控英國在計劃下一個十五年戰爭。他又說道：「英國人既然不尊重和約，就等著在哀嚎中被我們剷平吧。」然後他就離開房間，速度快到僕役根本來不及打開雙層大門。當他們還在轉弄門把，他已經氣到冒煙，站在那等了一秒鐘。

這種猛烈的情緒爆發，後來成為希特勒的特色——使對話者驚嚇、讓旁觀者害怕。但是希特勒的憤怒是故意的、演練過的，而波拿巴有時則是失控，並且事後常常懊悔，這回也是。但是沒差了。英國與波拿巴從一八〇三年五月起又重新開打，這段期間內，法國入侵英國的可能性大為增加。瀕臨英吉利海峽的法國港口開始募集平底船，士兵也紮了營。英國對此威脅嚴陣以待、做足了密集的準備工作，包含在英格蘭中部搭建堡壘，以作為法軍登陸並且佔領倫敦時，國王與政府的安置處。但是並沒有詳細資料顯示，法國有任何要轉運部隊並且登陸的計劃，也許根本沒有這樣的計劃。波拿巴討厭海上作戰的想法，對於參與此事的念頭也不置可否。然而要是換成別人來領導入侵行動，他一定會很不高興那個人被拿來跟凱撒大帝入侵英國相提並論。波拿巴特別提及他在倫敦會做什麼，他談到了佔領英格蘭銀行並攫取其驚人的黃金儲備。但相對於他先前饑渴地抓緊機會做大規模的陸地進攻及其執行速度，他對入侵英國的緩慢與遲疑就顯得不尋常——他的心根本不在那上面。而納爾遜於一八〇五年十月二十一日在特拉法加取得的輝煌勝利，則終結了任何法軍入侵的可能性。

皮特在一八〇四年復職，並立即著手組織以俄國和奧地利為中心的第三次反法同盟。到了一八〇五年八月九日，一切已安排妥當。英國提供超過一千兩百萬英鎊的援助，並且已經和瑞典談好讓艦隊在日耳曼北部登陸，普魯士也因此在秋天加入同盟。

主要的想法是在二十五萬俄軍的支援下，由奧地利入侵法國。但是波拿巴及時放棄了攻打英國的計劃，並指揮大軍進攻義大利與日耳曼（這時已重新命名為「大軍」）。其行動之快速，與遲緩的奧軍形成強烈對比，遑論慢如牛車的俄軍。巴伐利亞的一支奧軍在烏爾姆遭到包圍，並於十月二十日投降。波拿巴現在親自指揮在奧地利與俄奧主力對抗的法軍，而俄奧也終於在各自帝王的統率下集結起來。在一連串的欺敵戰術，包含巧妙地隱瞞軍隊實力之後，波拿巴成功地於十二月二日誘使俄皇與奧皇在奧斯特里茨與他交戰。

這場被認為是波拿巴最輝煌的勝利之戰發生在嚴酷的冬季。寒冷、多霧、結凍而險象環生的湖泊和冰雪下，是崎嶇不平的鄉間地形，有可能是巖石也有可能是沼澤。奧國與俄國的聯合兵力大約九萬人和兩百八十座槍砲。波拿巴則擁有七萬三千人和一百三十九座槍砲，但他設計讓盟軍的指揮官誤以為他的兵力不超過四萬人。盟軍相信自己能夠以二擊一、以多取勝，因此欣見波拿巴採取守勢。這讓波拿巴得以選擇戰場，而他選得很好。不同於以往的慣例，他這回是等著對方先攻，但他已經準備好發動騎兵和步兵的攻擊。就在俄奧盟軍的第一波往前進攻，洩漏了他們缺乏決心以及計劃混亂之後，波拿巴隨即出手。

戰爭在早上八點開打，當時天色尚暗，而幾乎剛剛過午，仗就打完了，因為盟軍已經往四面八方潰散而去。波拿巴戰勝的三個原因是，首先，他有完整而統一的指揮權。盟軍的總指揮官庫圖佐夫[8]，實際上根本沒有機會採用並執行一個統一的戰術方案，指揮權也無可救藥地遭到兩位皇帝和個別指揮官所分割，其中有些人根本就自行其是。再者，在嚴苛的環境下，軍令不是沒有送達、就是被誤解，或是被違抗。雙方雖然都有受到影響，但是法軍遭遇的阻力要小得多，因為波拿巴完全清楚自己在做什麼，他唯一的問題只是要讓麾下的指揮官能夠快速又完整地服從他的命令而已。確實在這場戰役中他摧毀了與他正面交戰的盟軍部隊，不過事後他卻大肆張揚，如果他的將軍們動作再快一點，俄奧盟軍早就被全數殲滅了。最後，包含戰俘在內，盟軍損失了兩萬七千人；法軍則折損九千人，其中大多數是受傷。第三，法軍的運作有效率多了。他們的騎兵持續地攻擊並驅散在數目上佔優勢的盟軍騎兵。砲兵非常懂得隨機應變：在得知俄國人試圖從結凍的池塘上逃跑，他們迅速準備了燒紅的砲彈往冰上發射，擊碎冰層，淹死了兩千俄軍。前線的步兵制敵英勇，讓波拿巴完

8 庫圖佐夫（Mikhail Kutuzov, 1745-1813），俄羅斯帝國陸軍元帥，歷經三任羅曼諾夫君王：凱薩琳二世、保羅一世、亞歷山大一世。由於擊退拿破崙有功，獲封為斯摩稜斯克親王，是受到俄羅斯人高度推崇的歷史人物。

全無需召喚禁衛軍上場。

奧斯特里茨之役[9]結束了第三次反法同盟。奧皇對於頻繁作戰也已經受夠了，隔天就開始訴請和談。普雷斯堡和約在當月月底簽訂。皮特則 於一八〇六年（他聽到奧斯特里茨的消息，就絕望地大喊：「把歐洲的地圖捲起來吧，我們很多年都不會再需要它了。」）但是英國接下來試圖謀求和平的努力卻一無所獲，於是在一八〇六年八月普魯士宣戰之後，第四次反法同盟再次浮現。波拿巴很不情願開打，因為他察覺到法國國內對這無止盡的衝突已生厭倦。然而一旦他招集了十五萬大軍，在森林的掩護下隱藏了實際兵力，往日耳曼挺進，他就展現出特有的果敢與決心。敵軍雖然總數超過二十萬人，但是既沒有實際的作戰計劃，又漫無條理、步調不一。一連串的交戰之後，他在薩爾菲德（十月十日）、耶拿、奧爾施塔特（十月十四日）以及呂貝克（十一月三日），擊垮了所有普魯士的主力，造成了兩萬五千名士兵的傷亡，俘虜了一萬四千人和兩千座大砲，並攻佔了普魯士的首都柏林。靠著俄國的兵援以及英國的金援，普魯士在冬天持續作戰。一八〇七年二月八日，普魯士在慘烈的埃勞會戰之後輸給了法國大軍，但也造成法軍損失慘重。雙方在春天休兵，重整旗鼓。之前就已佔領華沙的波拿巴，招集了一支波蘭軍隊，並且提前一年徵召法國新兵，將總兵力提高到六十萬人。六月，他往普魯士國王的所在地柯尼斯堡挺進，在弗里德蘭（六月十四日）贏得了決定性的勝利。普魯士和俄國都被迫在提爾西特簽訂和平條約[10]（七月七日）。英國再一次成為波拿巴的唯一對手。

衝突於是轉向了西班牙。作為法國的盟友，西班牙始終老大不情願，尤其是在一八〇五年十月二十一日的特拉法加海戰，納爾遜上將對法西聯合海軍取得決定性勝利，導致西班牙痛失艦隊之後，國內的民族主義與反法情緒持續高漲。一八〇八年三月，波拿巴決定直接進攻並佔領西班牙，但五月一場馬德里的平民起義讓情況變得棘手，再加上英國軍隊的加入，使得法國付出的代價不斷增加。未加入第四次反法同盟但一直在重整軍隊的奧地利受到鼓舞，於是在一八〇九年二月八日向法國宣戰。這就是所謂「第五次反法同盟」，雖則俄國（這時在名義上是法國的盟友）與普魯士皆未參

9 奧斯特里茨之役（Battle of Austerlitz），奧斯特里茨是波西米亞的一個小村，位於今日捷克境內。這場拿破崙的著名戰役以少勝多，迫使奧地利皇帝取消神聖羅馬帝國皇帝的封號。這場戰役因歐洲三個大國的皇帝奧皇法蘭茲二世、沙皇亞歷山大一世、法蘭西第一帝國皇帝拿破崙全部親臨戰場，又稱「三皇會戰」。

10 提爾西特條約（Treaty Tilsit），法俄在此和約結成同盟，開始大陸封鎖政策；對普魯士的部分則條件苛刻，割地罰款，溫和的塔列朗因此開始疏遠皇帝。但在沙皇拒絕拿破崙與其妹的婚事後，復允許中立國停靠俄國港口，法俄同盟關係惡化。

加。春天時所進行的大規模動員，在五月二十二日的亞斯本戰役達到高潮。法國為這場仗付出了極高的代價，卻無法取得勝利。此役經常被視為波拿巴第一次主要的失敗。然而他於七月六日在瓦格拉姆即以一場凱旋之役重建威望。到了七月十二日，奧軍簽署了停戰協定，後來成了一八〇九年十月的申布倫和約，也終結了第五次反法同盟。

截至目前為止，所有的同盟都失敗了。波拿巴閃電作戰的策略可謂高度成功的公式：先是將對手一個個地引至大規模戰役中，摧毀他們的軍隊，佔領他們的首都，然後強迫他們接受懲罰性的苛刻和約。這個大方向將波拿巴優秀的才能——快捷的行動力、果敢的性格、冒險的精神、絕佳的領導力以及鋼鐵般的意志和勇氣——完全準確地投注在達成目標上。當然啦，如果敵人不是相對地無能，這公式也無法成功——他的對手總是死氣沉沉、裹足不前，領導力軟弱又分裂，缺乏堅持到底的決心，而且通常表現出很明顯的膽怯。一位英國記者李．亨特將他們的行為絕妙地加以總結。他是激進的《考察家報》[11]的編輯，雖然報社基本上是愛國而且親英的，但對於法國大革命的精神也不無同情與理解。亨特在其《自傳》中寫到，正是奧地利、普魯士以及俄國（還有其他次要盟友）侏儒般的行動，才會讓波拿巴看起來如此像個巨人：

對於君王來說，這是一個憂傷的時期。他們發現自己被迫訴諸弱者最卑微的手段；要站在敵人這一邊來對抗朋友；並且在敵人的命令下加入對盟友的批判；兩面都得不到信任；回到盟友身邊還是從其身後撤退完全視戰爭的運勢而定；暗中希望盟友能夠原諒他們，因為就像貧民認罪的理由一樣，他們都是出自不得已；無論何時，除了說「那是天意神秘的調度」之外，都無法為自己的行為致上更好的歉意。對於這些困頓之人來說，「天意」是他們道德上最後的避難所了……然而，在英國與法國競爭的整個過程之中，這就是英國盟友的一貫作風。當英國成功地組成對抗拿破崙的同盟，他們就譴責他的野心，準備要迎戰他。當同盟被拿破崙的軍隊打敗，他們就在他的命令下轉過來指責英國，並且加入他的行列來與盟軍對戰。這就是他們歷史的循環：同盟與背叛交替上演；先是對波拿巴宣戰進攻，卻被他打敗；然後又對英國宣戰進攻，但又被英國收買；接著再對波拿巴宣戰進攻，卻再度被打敗；然後就像之前一樣，繼續對英國宣戰進攻，然後又再被收買。在此同時，他們能撈到什麼就是什麼，不管是從

11《考察家報》（*Examiner*），一七一一年問世的托利黨黨刊。

敵方還是友方來的，一邊貪婪地抓緊波拿巴因其卑鄙行為所賞賜的一丁點領土，一邊收下皮特的數百萬英鎊。這個代價到今天還是由我們負擔。

從一七九九年到一八〇九年底，波拿巴似乎所向披靡，如同巨人般地在歐陸昂首闊步。但是他的地位和未來仍不牢靠——他需要更大規模的勝利。一八〇九年之後，由於過度濫用軍事資源，他打贏對陣戰的能力也就消失了，於是從一八一〇年開始，他那過度擴張的野心和驕傲所引發的、對抗他的同盟，也就變得更加難以對付。波拿巴一八一二年進攻俄國引發了「第六次反法同盟」。在同盟資源持續增強、戰事不斷告捷之下，這位被打敗的皇帝終於在一八一四年四月退位。接著戰勝的同盟簽訂了巴黎和約。波拿巴被放逐到厄爾巴島做小島主，而被處決的路易十六之弟，成為波旁國王，復辟登基為路易十八。然後列強群聚維也納，共商歐洲疆界長治久安之計。當他們還在開會的時候，波拿巴就已經逃出了厄爾巴島返回法國。他們對他大膽行為的反應非常快速果決，馬上就成立了所謂的「第七次反法同盟」，集結了所有曾經反對波拿巴的勢力，直接導致波拿巴在滑鐵盧的滅亡。

但這只是事後諸葛。七次同盟的故事所清楚展現的是，波拿巴從頭到尾都保持著軍人的風範。基本上，他太愛輝煌的勝利了。他的失敗乃在於他身為一位從政者、或說是一位國際政治家的失敗。而這個失敗是如此徹底，以至於最後也導致了軍事上的敗亡。

CHAPTER FOUR

第四章

脆弱而有缺陷的帝國

✣ ✣ ✣

如果紀錄顯示波拿巴是位偉大的將軍，毫無疑問地也顯示他無法長期執政。在推翻現有政府、建立新的行政體系、再於其上強加憲法這些方面，沒有人比波拿巴更快速有效、劍及履及了。但是這些體制都持續不了幾年，有的甚至只有幾個月。波拿巴帝國興衰起落，始終處於變動之中。這突顯出他缺乏耐心、以及在這場馬拉松裡缺少持久的韌性。運用波拿巴人格的心理分析來解釋他治理國家的成敗，並非嚴謹的歷史學作風，但是對於一個白手起家的布衣皇帝來說，後無子嗣，以及因為無後所帶來的缺乏穩定與自信，顯然造就了其帝國行政的過渡性格。如果波拿巴早一點跟一個有生育能力的女子結婚，生養了孩子來繼承他、協助他，並得以訓練成一個統治者，那麼他也許會把帝國視為長期的投資，進而耐心地對待與珍視。

但眼前我們來到了一個不可測度的深淵。儘管已經有那麼多相關的著作，波拿巴的感情與性生活還是一個謎。在婚前以及婚後好一陣子，波拿巴迷戀約瑟芬應該是無庸置疑的。她的年紀稍長、健康方面頗為脆弱、而且來自較高的社會階級，對於他的激情、決心，可能還有他的舉止，她都有些嚇到。她需要被說服，但他不是一個說客，而是一個行動家，不管是在私人或是公眾事務上。她埋怨過，在床上他太快又自私。後來，她深陷他功成名就的豪華馬車裡，先是共和國的第一夫人，接著是第一帝國的皇后，在宮殿與宮廷裡叱吒風雲。她在服飾上一擲千金，那大概是她生命中最主要的興趣。這聚少離多的一對，相聚時卻不親近。他們兩個成了史上最有名的床笫笑話當中的主角：「今晚不行，約瑟芬。」沒有當時的權威可以證明這件事。但這意謂著什麼呢？這無疑地反映了法國人的說法：在遇到波拿巴之前，她就有過一些男女關係；當他長期出門在外，她似乎又有其他情人。

波拿巴出征時也有韻事。就如同他的一貫作風，總是急就章。當他有性衝動的時候，他只要跟副官說：「給我找個女人來。」他們知道他的品味。這些女人會先被脫光，然後帶進他的軍營裡，因為波拿巴可不想變成另一個霍洛芬斯[1]，那個在聖經裡被忠貞的猶太烈士茱迪絲斬首的將軍。這甚至成了波拿巴姪子拿破崙三世的信念，輪到他當皇帝需要女人的時候，他也制訂了相同的規則。

波拿巴和約瑟芬都會吃醋。他們吵過、互相叫囂過。約瑟芬敢冒這個險，因為波拿巴的迷信確保了她的配偶地位：他相信她是他宿命的一部分。那為什麼沒有小孩呢？在醫生的診斷下，她相信那是波拿巴的缺陷。畢竟她以前曾生下一子。他則相信她會先他而死，這樣他就能再婚並生育子嗣。當他倆同在一個皇宮的時候，他甚至也有過女人，她是因為晚上要進入他的寢間被拒而察覺到的（那個聲名狼藉的玩笑可能就是這麼來的）。但雙方各自的外遇都不怎麼認真。波拿巴會拿自己的外遇開玩笑，有時甚至當著約瑟芬的面，批評他的性慾對象，尤其是做愛方面的缺點。這麼做很粗

1 霍洛芬斯（Holofernes），《聖經》中〈茱迪斯記〉（Book of Judith）裡的故事：茱迪斯是伯圖里亞（Bethulia）城的美麗寡婦，在亞述大軍來襲時，帶著女僕來到亞述軍營與統帥霍洛芬斯歡好，某次趁霍洛芬斯熟睡之際殺了他，亞述軍隊敗走。

魯，但無疑地約瑟芬把這當成他只是逢場作戲的證據。他則擺明了厭惡她的不忠，但他最深層的情感也只有他自己知道。

波拿巴的隨性外遇中有一個重要的例外。在一八〇六年冬天，當他以勝利之姿行經波蘭時，一群出身良好、裝扮成農婦的女孩們，在某個驛站為他演唱小夜曲。其中一位女子讓他驚為天人，他下令要找到她並且要她為他生子。結果她是年邁的瓦萊斯基伯爵之妻，年僅十八歲並育有一子。她一點也不想成為波拿巴的情婦，但是波蘭當權者、她的丈夫以及家族都施以巨大的壓力要她屈服。大家跟她說，波蘭的獨立命運端看她是否服從了。根據她自己的說法，當她最終被推向波拿巴的臥房卻拒絕他的擁抱時，他對她大喊：「如果妳激怒我，我就會像摧毀這支錶一樣地摧毀波蘭。」然後將錶丟擲在地上予以踩踏。她暈了過去，就在她失去知覺的時候，他強暴了她。她終究還是對他產生好感、離開了丈夫，懷孕並產下一名男嬰。波拿巴很開心，這件事讓他相信自己有生育能力，他的王朝得以延續。因此約瑟芬當皇后的日子不多了，離婚只是遲早的事。但瓦萊斯卡伯爵夫人也不是受益人，她被命令回到丈夫身邊，並且把孩子登記在他名下（日後亞歷山大．瓦萊斯基伯爵成了拿破崙三世的外交部長）。波拿巴跟弟弟路西安說：「我本人是傾向讓我的情婦扶正，但是基於國家的考量，我必須與皇室聯盟。」

問題是哪一個皇室呢？波拿巴偏好娶個俄國公主。在歐洲所有正統皇室裡，沙皇亞歷山大一世是波拿巴唯一喜歡的，起碼他是這樣說，波拿巴稱他為「我的朋友」。友誼對波拿巴來說有特別的意義，不只代表著共通的情感也意謂著共同的利益。他將之視為家庭之外、最重要的連結。與亞歷山大家族聯姻，等於是和東歐最強大的國家歃血為盟。如果能夠與俄國建立最鞏固的連結，好處自然多多，更別提如此一來就可以在亞洲聯合行動，破壞大不列顛帝國對印度的掌控。

亞歷山大卻不領情，雖然他並未公開地拒絕這個計畫。他堅信「正統」應該是神聖的。他的理由既來自維護皇室的正統性也出自捍衛宗教的神聖性。波拿巴是無神論大革命的受益者，那場革命曾積極迫害神職人員（神在人間的代理者）。沒錯，他是已經和羅馬教廷和解，但很明顯地只是權宜之計，一旦有利可圖，他就會重新開啟迫害行動。再者，如果一位俄羅斯公主下嫁波拿巴，她就被迫要棄絕東正教而擁抱天主教。那將煽動沙皇在波蘭境內的天主教子民，而波拿巴無論如何都願意迎合他們的想望。沙皇拒絕以一場基督教的家族聯姻來神聖化他與波拿巴的友誼，遂成為這個獨裁者一生中最重大的厄運之一。這樣的聯盟會讓法國與俄國之間不合的機率變得微乎其微，甚至完全將這樣的結局排除在外，尤其如果這兩大強權聯手對付土耳其跟英屬印度的話。如此一來，波拿巴就有可能持續主宰歐洲大部分地區。然而結果是，沙皇的拒絕提高了法國最終入侵俄國的可能性，因為波拿巴對於這位「朋友」的婉拒懷恨在心，使得他在接下來解讀沙皇的表現與動機時更充加滿敵意。

當羅曼諾夫皇室拒絕跟這位科西嘉的冒險家「混血」時，哈布斯堡倒是挺樂意的，雖然他們也花了一點時間才接受這個想法。對於哈布斯堡王室而言，婚姻是他們的地緣政治學。數世紀以來，他們建立了歐洲最龐大的帝國之一，沒有共同種族的基礎，完全是由婚姻所聯繫。他們可能不是打勝仗的專家，但是在把兒子推向地產豐厚的女繼承人，把女兒許配給有權有勢的王儲這件事情上，判斷精準且經驗豐富。波拿巴也許是個竄位者，但他掌控了一半的歐洲、並且讓另一半聞風喪膽。對這個家族企業來說，這樣就足夠了。一筆交易就此達成。

瑪麗－露意莎不僅是哈布斯堡皇帝之女，也是被謀殺的瑪麗皇后的姪孫女。她從小的教育，就是教她將一七九〇年代在法國發生的事件，視為整個歐洲歷史上最駭人的災難。也許他們有預先警告了反基督的來臨，也許波拿巴本人就是反基督者——這就是她的學校教育。現在他們要把她嫁給這個怪物，她的意識形態小宇宙，突然間天翻地覆。但是哈布斯堡的訓練是嚴格的，他們的公主本來就預期要嫁給有權勢的男人，不管他在外表、習慣、道德操守、宗教或是國籍上，是否值得令人反對。起碼波拿巴相對地年輕、信奉同樣的宗教，而且整個人煥發著一種全歐洲都能感到的興奮。所以瑪麗－露意莎帶著複雜的心情到巴黎，進入了她獻祭般的宿命。波拿巴喜歡她，或似乎喜歡上她。她身材高大、金髮而貴氣，她也慢條斯理，總是沒有耐性的他會催促著，拍打她寬大的臀部然後說：「快一點！」

婚禮規模極其盛大。波拿巴的優雅品味、或比較可能是他迷信的直覺，不允許聖母院那場褻瀆神明、並且事後看來是不祥的加冕大典再次重演。一八一〇年與瑪麗－露意莎的婚禮在羅浮宮舉行，表明了是一場世俗之宴，結婚儀式則是在一間裝飾成私人禮拜堂的藝廊中進行。在過去六年之間，風格、時尚和肖像學，都與時俱進了。一八〇四年，一尊龐大的查理曼肖像，主宰了聖母院前為加冕典禮臨時搭建的門廊。如今，所有裝置則由皮耶．保羅．普呂東[2]的巧手所包辦。他大概是法國最優秀的女性裸體肖像畫家，因其傑出的古典主義技巧而雀屏中選。婚禮裝飾的主題是羅馬風，

2 皮耶．保羅．普呂東（Pierre-Paul Prud' hon, 1758-1823），法國大革命時期畫家，極具浪漫氣息，是古典主義風格畫家，也是浪漫主義的先驅。

或更準確地說是凱撒大帝風格——波拿巴的帝國疆界，已經從加洛林王朝的版圖，擴張到擁抱整個歐洲與地中海區域的偉大計畫了。巨大的凱旋拱門立了起來，門面也煥然一新。一如大革命時期與拿破崙時期的盛會所慣常使用的，這次的基本材質也是紙板，便宜、輕巧、容易裝卸，可以上畫，或覆以效果絕佳的裝飾性材料。當然事後看來，這象徵了整個政權那短暫即逝的本質，但在當時這是一種令人激賞的法式高雅與巧思。

波拿巴監督所有的細節，乃至於新娘的禮服。在他自認精通的事物中，女性時尚便是其一。他常常在仕女們出席他的國宴時，針對這個主題公開發表意見，褒貶她們的穿著打扮。對一個女人來說，被皇帝評價穿著，是拿破崙朝廷裡許多令人害怕的活動之一。他覺得瑪麗－露意莎是寒酸的、鄉巴佬社會的產物——當時用來評論維也納藝術中最陳腐過時的字眼「畢德麥爾」[3]還沒有被使用，但是法國人的睥睨已經開始了——於是他親自以巴黎時尚的高度為她打扮，當然那是他所詮釋的巴黎時尚。但少了對時尚敏感的約瑟芬在他身旁，結果就不一定那麼合宜妥當。在離婚之後，約瑟芬退居至她在馬勒梅松的莊園，歿於一八一四年。

這個場合有著令人不快、甚至殘忍的時刻。雖然大約只有一百個人被邀請參加婚禮早餐，但有八千名左右的名流——可以說是整個波拿巴政權的權貴階級——被召來羅浮宮的藝廊排排站，好迎接婚禮隊伍。行進的高潮在「大藝廊」裡，新娘走過那些被盜取來的經典畫作之下，諸如達文西、拉斐爾、魯本斯以及其他大師，這些是從安特衛普、波茨坦、羅馬、佛羅倫斯、米蘭、布魯塞爾、慕尼黑還有維也納掠奪而來的，有些甚至是她父親皇宮裡的寶物。某個意義上，她也是被掠奪而來的，起碼當場有些人一定會這樣想。

那頓早餐並不愉快。這回的結婚典禮並非教宗主持，而是由他的科西嘉舅舅費許主教主持，但是波拿巴注意到有十三位紅衣主教杯葛這場婚禮，因為他們認為波拿巴先前和約瑟芬的婚姻並沒有取得合理的註銷，因此新的婚姻等於是犯了重婚罪。席間波拿巴大多時候都憤怒難抑，想著要如何羞辱這些不尊重他的主教——他最後真的把他們從官邸趕到了大街上，任其紅衣在風中拍打飄動。

無論如何，那場餐宴還是有其特殊之處。波拿巴不太確定要如何安排座位，是要以地位高低為標準，還是男女交叉坐，抑或依循舊體制的風格呢？最後他突然想出了

3 畢德麥爾（Biedermeier），泛指日耳曼從一八一五年至一八四八年間的恬靜生活方式，以及中產階級遁入田園風情的文藝形式。「畢德」（bieder）大致意為「無趣」或「天真老實」；「邁爾」（Meier）則有「張三李四」之意。

男女各坐在桌子一邊的尷尬安排。有人獻計說，作為主客，他和新娘應該分別要有一艘船型桌飾以示尊榮。這些鍍銀和珠寶打造的美妙船型餐具，是中古世紀晚期與文藝復興時期餐桌裝飾中畫龍點睛的特色。數一數二的銀飾工匠亨利．奧古斯都為此場合製作的一對桌飾，是非常合宜的耀眼之作。但是就如同多數人不熟悉古老禮俗的優美細節，波拿巴也以為這僅僅是裝飾而已。事實上，它們有特定的用途：可以作為尊榮的特定賓客盛刀叉、湯匙、佐料與調味品的獨立碟盤，讓他們無需與其他賓客共用。瑪麗．露意莎的父親應該就知道，但是她可能還太年輕，而波拿巴對其用途根本沒有概念。所以他就把船型桌飾放到一邊的小桌子上，只是為了誇耀，完全沒派上用場。

新婚之夜發生什麼事並沒有留下紀錄。但有一個故事是，波拿巴已經充分了解到，他與這位處女新娘生下一子的可能性，現在來到了緊急關頭，而且他也知道自己年紀比她大上一倍，因此在床笫之間使出渾身解數。當然，這次還是太快了。於是與「怪物」共枕的新娘，在他動作之前與行動之間完全沉默，而結束之後又恍然若失好一陣子。然後她突然說：「再來一次吧！」，把皇帝嚇了一跳。無論如何，也許是在當時或之後，瑪麗懷了一子，也就是未來的羅馬王。待命的普呂東再次設計了兒童床：那是一件豪奢的作品，以最嚴格的帝國風格，由黃金與琺瑯打造，可能是法國境內最昂貴的搖籃了。當然這個物件是要彰顯地位、而非關品味，就跟所有為了服務皇帝而創造出的工藝品一樣。

據說瑪麗－露意莎後來對皇帝產生了強烈的好感，但是隨著他離去且垮台之後，這份情感也就消亡了。一八一四年她從維也納出發，要前往厄爾巴島與丈夫會合，或起碼他是這樣希望的，但不知道是意外還是故意，護送她的紳士[4]實在太帥又體貼了，所以她從未抵達厄爾巴。維也納的國會讓她成為統治帕爾馬的女公爵，她再婚了兩次，於一八四七年辭世，葬於維也納。整體看來，瓦萊斯卡伯爵夫人對於波拿巴比較始終如一。她去厄爾巴島探望他，也許是相信他的氣數未盡，而如果波拿巴捲土重來的話，她的兒子可能還有機會當上波蘭國王。但這件事並未發生，而這位失望的女子就在一八一七年過世了，年僅二十八歲。

不論如何，羅馬王的誕生對波拿巴來說是太遲了些，他來不及採行一個更為長遠的帝國政策。那麼做需要他更有意識且持續地努力，以其轄下人民的利益來治國。當

4 這位紳士叫做亞當．馮奈伯格（Adam Albert von Neipperg），奧地利將軍，於一八一四年八月奉命護送瑪麗－露意莎至厄爾巴，但他的真正使命是要阻止瑪麗－露意莎前往。一八一五年波拿巴死後四個月，瑪麗－露意莎下嫁馮奈伯格，兩人育有三名子女。

然，他說他就是這麼做的，也許他也半信了這套說法。他認為自己是啟蒙的化身，為那些被特權階級的利益所統治的人民帶來了理性和正義。但是，除了在他衝撞進封建制度與獨裁政權所統治的領土時會迎接他的歡呼聲、以及那些曲意逢迎的初步努力之外，波拿巴最後總是在財務與軍事的需要下，提早（而不是延後）被迫要施壓於人民，這讓他比前代政權更不受歡迎。他對於金錢與人力的需求總是貪得無饜。整個帝國都要供給他這個需求，仇恨於是成了無法避免的結局。再者，如果他推翻了一個特權階級，他就以另一個取而代之，也就是法國的民事與軍事行政系統。除了那些直接受惠於其權力的人們之外，歐洲絕大多數的地區和人民逐漸憎惡他，反對的聲音終於高漲成巨大的聲浪。

特別厭惡波拿巴的是瑞士人。他在瑞士做的第一件事就是洗劫伯恩的金庫，拿走所有的金幣與銀幣，以資助他的埃及遠征軍。大約有價值一千萬英鎊的金銀不翼而飛，還有八百萬錢票，主要是英國錢票。當法國的全權代表布律納將軍離開瑞士轉進義大利時，他馬車的底盤還崩塌了，因為他把偷來的金幣藏在行李廂裡，結果太重了。人民抵抗就會被槍殺。有一位法國指揮官紹恩堡將軍，在下瓦爾登屠殺了五百名男女老少，滅了整個村子。[5] 對和平的、熱愛自由的瑞士如此蹂躪劫掠，讓華茲華斯下定決心反對波拿巴。對華茲華斯來說，瑞士人實現了他理想中的田園生活，瑞士人熱愛又親近自己的原鄉，自耕農擁有自己的田產，勤奮地耕耘，自然形成的民主派人士以古老的方式在當地自治，而這些都被一個貪婪又腐敗的暴君給無情地摧毀了。

整個被佔領的歐洲都是如此。相較於城鎮的知識分子，對一般老百姓而言，波拿巴軍隊的到來通常意謂著穀物、商店、馬匹、家畜的損失，農田與穀倉被大火燒去、妻女任人姦淫，房舍任由貪婪的士兵進駐，而摯愛的教堂則成了馬房。波拿巴對於指揮官的命令是：權力在你們手上，以土地維生吧。一八〇八年當他指派穆哈元帥治理已經投降的西班牙時，元帥跟他抱怨補給不足。波拿巴嚴厲地回應說，他對於一個「統領五萬士兵的將軍，一直吵著要資源卻不自己去拿」感到很厭煩。那封信，穆哈說：「就像一塊磁磚掉到頭上一樣令他震驚。」

義大利人面對波拿巴從一開始就心情複雜。一方面，他們歡迎這個解放者來教訓佔領他們的奧地利人，那使得他在倫巴第受到愛戴。而在義大利治理情況最差的教皇國，人民則認為他一方面保護了教會不受到革命的迫害，一方面又巧妙地限縮其影響

5 下瓦爾登（Nidwalden）位於瑞士中部。拿破崙擴張版圖，下瓦爾登人民拒絕接受他頒布的新憲法後，法軍在一七九八年九月九日攻擊下瓦爾登，最少四百名居民被殺。拿破崙對下瓦爾登的統治在一八一四年結束。

力。在那不勒斯也是，一開始波拿巴被認為比波旁王朝來得好。他的妹婿穆哈（與皇帝的妹妹卡洛琳結婚）成了當地國王，一開始被視為波拿巴的替身而受到歡迎。當時，幾乎沒有人反對波拿巴攻擊馬爾他騎士團的統治，或是征討威尼斯那個老而不死的寡頭政權。

的確，大多數人都視他為義大利人。波拿巴自己曾吹噓：「我的出身讓所有的義大利人將我視為同胞。」他說，當他妹妹寶琳希望嫁入古老的羅馬博蓋塞家族時，義大利人說：「沒問題，這是我們自己的事，他們也算是我們的家族之一。」當波拿巴要教宗到巴黎來為他加冕，樞機主教中的義大利派壓倒了奧地利派的意見，鼓勵教宗接受此一提議。他們的論點是：「畢竟，我們是引進了一個義大利的家族來統治這些野蠻人。我們等於是向高盧人報了仇。」

但這很快地就成為一則爛笑話。兩位波拿巴公主本身都很受歡迎。卡洛琳於那不勒斯布施無數的貧民，而寶琳的調皮則很具娛樂性。身為家中最漂亮的女人，她既驕傲又不知羞恥，非常愛展現她的胴體。她每週都會舉辦一次「玉足儀式」，讓傭僕為她那雅緻的小腳洗濯、撲粉。在場的男性貴族無不瞪大眼睛，連紅衣主教也偶爾到場觀禮。她還強迫歐洲數一數二、但個性拘謹的雕刻家卡諾瓦，為她雕刻半倚在床上、裸露至腰部的人像（雖然她想，但他拒絕為她作全裸雕像）。她還在床上安裝一個能讓身體轉動的裝置，這樣就能看到身體的各個角度，成為羅馬上流社會晚餐後的燭光消遣。

但是法國的統治腐敗又貪婪，任何沒釘牢的貴重物品法國人都偷，而許多釘牢的也逃不過。這些「野蠻人」拿走了數百件義大利最精華的藝術品，還辯說這是因為義大利人不照顧、不了解、也不關心這些東西。所幸一八一五年在卡諾瓦的努力、以及卡斯爾雷和威靈頓的協助下，許多經典傑作，包括威尼斯著名的四座聖馬可銅馬，都完璧歸還義大利。巴黎暴民被煽動起來要阻撓歸還行動，卻被英軍擋了下來。但是上千件珍品分散在法國各地收藏（這個事實推翻了波拿巴說他將歐洲的藝術帶到羅浮宮、所以全世界都能在此畢其功於一役、親睹精品的說法），卻從未送還。跟藝術品一樣，錢也被偷了。根據一位目擊者的說法，翠斯特城被扒得精光。其他城鎮基本上也被洗劫一空。波拿巴在義大利創造的一些新國家或是共和國，都規劃不良、功能失調，甚至比他們所替代的政權還更無效率而且嚴苛。法國無情地對義大利課稅，付不出來的人將視同土匪絞死，如果有村鎮不把他們交出來的話，那被處死的就是村長或鎮長。成千上萬的法國人——通常來自元帥或將軍的家族，或是有影響力的人——都可以在義大利輕易地得到行政官的工作，坐擁豐厚的薪俸，還有許多油水可撈。而不論法國的統治勢力到哪裡，那裡就會出現文化帝國主義，或是我們所謂的種族主義。義大利語被視為一種未開化的方言。因此在帕爾馬公國境內的朗克爾，剛出生的威爾第被面露微笑的法國官員登記成「約瑟夫．佛區南．法蘭斯瓦」。當波拿巴突然垮台後，大部分義大利人發現，比起可惡的法國人，他們其實比較偏愛奧地利人、教皇派、甚至波旁王朝。作客異鄉太久的穆哈，最後被處決了。

大多數英國人從一開始就不喜歡波拿巴的長相。威廉．皮特從經驗中習得，他的話不可靠；而卡斯爾雷與坎寧則相繼發現，要把他當成不可救藥的騙子。連他忠貞的秘書路易－安東．佛浮列．布希安——最適合見證波拿巴人格的人之一——甚至曾寫道：「要在他的口述下寫出官方聲明真令我痛苦，每一條都是詐欺。」當他提出抗議時，波拿巴回答：「我親愛的先生，你是個白癡，你什麼都不懂。」但是布希安以及其他人，其實是懂得太多了。波拿巴還在襁褓時，恐怕就已經被好仙女賦予了太多常人意想不到的禮物。但是她卻沒給他絕大多數人、不論貧賤，都視為理所當然的東西——那就是區分真假對錯的能力。

英國人很早就發現這件事，尤其是皮特與卡斯爾雷，他們都以從未對下議院說謊為榮。利物浦爵爺[6]年輕時，曾親眼目睹巴斯底監獄遭攻陷，從此無法忘記那份驚駭，他也看到波拿巴如何將一群暴民轉變成威嚇歐洲的軍隊。英國的老百姓天性厭惡常備陸軍而熱愛海軍，他們視波拿巴為一支巨大常備陸軍的化身，而海軍則是上天派來保護他們的。波拿巴所做的每件事都是錯的——或者說好聽一點的，很可疑。納爾遜本人總括了這一種對於波拿巴主義的直覺厭棄。他挑起一對鉗子說：「我要怎麼擺這鉗子不重要。但是如果波拿巴說他要這樣擺，那我們就一定要反方向擺。」

英國的知識分子——如果這個詞不至於太花俏的話——分成了兩派。除了少數例外，藝術家們都懷有敵意，並完全不接受波拿巴認為所有藝術品應該集中在巴黎羅浮宮的想法，而他以一個軍人的身分，重新將這棟建築命名為拿破崙博物館的事實，更被視為無可容忍的傲慢。許多作家一開始都被大革命所迷惑。寫下：「能活在黎明，已是幸福，若還加上年輕，則更勝天堂。」的華茲華斯，曾想與騷塞[7]和美國的柯爾

6 利物浦爵爺（Robert Banks Jenkinson, 2nd Earl of Liverpool, 1770-1828），英國托利黨政治家，一八一二至一八二七年間出任首相，善於處理攝政王（後登基為喬治四世）面對喬治三世無法視事的危機，並主導第六次與第七次反法同盟，力圖匡正因為拿破崙戰爭所帶來的紛亂與激進主義。

7 騷塞（Robert Southey, 1774-1843），英國浪漫派詩人，一八一三年被封為桂冠詩人。也是位多產的書信作家、文

律治共組「大同世界」，來實踐這一個新的理想。不過，或許「恐怖時期」的殘暴事實比起埃德蒙．伯克的有力論證更有說服力，他們三位都轉而反對大革命。但伯克將對抗革命法國（並影射波拿巴，因為他是革命僅剩的繼承人）的論點，銘刻成激昂的碑文。他那本極其成功、且廣為流傳的論著《對法國大革命的反思》，對於維持英國思想界的穩定扮演了關鍵角色，尤其在接下來為悲慘戰事所籠罩的漫長歲月中。

波拿巴在其侵略的土地上對農民的殘忍，特別讓華茲華斯不滿。騷塞寫下了精彩又暢銷的《納爾遜的一生》，舉國傳閱，並且成為百年間此類文體的典範。在英軍於地中海籌備特拉法加海戰期間，柯爾律治擔任馬爾他總督的秘書，不僅從中學到許多地緣政治的學問（他在這上面有點天份），也和英國軍事專家查爾斯．威廉．帕斯理上校[8]結成好友。帕斯理針對英國全球戰略的著作，十分受到珍．奧斯汀的喜愛。柯爾律治對於波拿巴特別厭惡。他為《記事晨報》所寫的數十篇重要文章，都在公開譴責波拿巴的政策與行為，威脅了英國所代表的一切，從個人的自由乃至於國家的獨立。波拿巴是「這個星球上邪惡的天才」，甚至認為要暗殺他也可行。他將波拿巴看得極為巨大，倒不是像超級怪物似的一種超自然反基督化身，而是「人類的敵人」，對「全人類發動戰爭」。

包括濟慈和雪萊在內的一些人，繼續將波拿巴視為浪漫英雄，一個以現代亞歷山大之姿闖進埃及、或是像漢尼拔一樣領著軍隊橫渡大聖伯納山口的人。事實上他們是被波拿巴訓練精良的肖像畫家與歷史畫家如格羅、大衛等人給騙了，誤以為那些宣傳就是波拿巴實際的形象。到了二十世紀，這種迷戀仍然層出不窮：蕭伯納、碧翠斯和悉尼・韋伯[9]都迷上了史達林的形象；諾曼・梅勒等人則對菲德爾・卡斯楚懷有英雄崇拜；而整個世代包含尚－保羅・沙特在內的許多法國人，都讚揚過毛澤東政權，但在毛的統治下，卻有六千萬中國人死於饑荒與勞改。同樣地，對於波拿巴的崇拜一開始很普遍，但卻不持久。那些在英國緊抓不放的人，多半是出於對英國體制與統治者的批判，而不是真的贊成他的作為。因此厭惡攝政王的查爾斯・蘭姆[10]就認為波拿巴

學學者、散文作家、歷史學家和傳記作家，曾為克倫威爾和納爾遜等人寫過傳記。

8 查爾斯・威廉・帕斯理（Charles William Pasley, 1780-1861）的這部名作發表於一八一〇年，題為《論英帝國的軍事政策與制度》（*Essay on the Military Policy and Institutions of the British Empire*）。

9 碧翠斯和悉尼・韋伯（Beatrice Webb, 1858-1943; Sydney Webb, 1859-1947），英國會改革者，倫敦政經學院的共同創辦人，與蕭伯納同為費邊社的成員。

10 查爾斯・蘭姆（Charles Lamb, 1775-1834），英國作家，曾與其姊瑪麗合作，將二十齣莎士比亞劇作改寫為敘事體《莎士比亞戲劇故事集》（*Tales from Shakespeare*）。

是個「不賴的傢伙」，並說他很樂意在他的桌前脫帽致敬。拜倫後來也發現波拿巴是個有缺陷的英雄，但是很遺憾他沒有死於沙場——一八一三到一四年間的那場戰役，他寫道，「將他一點點剝去，到了無足輕重的地位」。而當他被迫要「放棄歐洲皇帝的王位」時，則是悲哀的一天。在波拿巴經歷了所有的罪行與盛衰之後，唯一一個從頭到尾支持他的英國人是威廉．赫茲里[11]。身為一個藝術家與評論家，在短暫的亞眠和約期間造訪過羅浮宮，對於波拿巴想要將世界的藝術品集中在一起的計畫大表讚許。但赫茲里之所以歡迎波拿巴，其實來自他對舊體制的最大罪行、亦即君權「正統性」的仇視。他故意忽略波拿巴篡奪王位、以及欲以第二次婚姻來保障其正統性的企圖。赫茲里認為滑鐵盧是一場完全的災難：他深受打擊，以致差點成為一個無可救藥的酒鬼。不過他最後走出來了，還寫下四卷的《拿破崙的一生》，書中大部分的內容都是從二手資料裡抄來的，（我想）從當時到今日，幾乎沒有人真的讀完這套書吧。

如同英國人一樣，許多美國人同情法國大革命的目標，即使他們憎惡「恐怖時期」。有些人像湯瑪斯．傑佛遜會為其辯護，雖然是用一種半真心、半難為情的態度，但當法國和這位令人驚異的獨夫重返君主體制，他們就被歸類為只不過是另一個歐洲的專制政權罷了。波拿巴自立為皇之後，傑佛遜再也沒有對他說過一句讚美之詞。他說波拿巴的政策「非常狡猾地避開了所有的猜測」。波拿巴對英國持有或製造的貨物進行了禁運、禁止輸入的「大陸封鎖」，而英國予以反制的做法最終導致美國捲入戰局，進而向大不列顛帝國宣戰。[12]這一起不愉快的衝突對英美兩邊的折損幾乎同等，最後雙方只好接受回復到南北戰爭前的狀態。事實上，戰爭帶給大多數美國人的印象和衝擊，遠不及波拿巴所提出的驚人建議，也就是將所謂的「路易斯安那」地區，以當時看起來微不足道的價格賣給美國。

「路易斯安那」購地案大概算是波拿巴想像力上最大的敗筆了。「你們得到一筆慷慨的交易」，法國外交大臣塔列朗這樣對美國人說，口氣中不乏悲痛。他說的沒錯。「路易斯安那」佔地八十二萬八千平方英里，後來被分為十三州。法國拿到了一千五

11 威廉·赫茲里（William Hazlitt, 1778-1830），如今被視為與約翰遜博士、喬治·歐威爾同等偉大的評論家，在他死後出版（一八四七年）的四卷《拿破崙的一生》（*The Life of Napoleon Buonaparte*），原本的寫作目的是為了要反制蘇格蘭作家華特·史考特在一八二七年出版的九卷同名傳記《拿破崙·波拿巴的一生》（*The Life of Napoleon Buonaparte*）對拿破崙的偏見，雖然史考特的傳記也遭到托利黨人批評為過度美化拿破崙。

12 美國在一八一二年六月十八日向英國宣戰，除了因為英國拒絕移交西部的軍事要塞並侵擾美國西疆之外，也因為英國為了反制拿破崙而實施貿易禁運，導致上百艘美國商船遭皇家海軍扣留。戰爭結束於一八一五年二月十八日，又稱「第二次獨立戰爭」。

百萬美元，每英畝低於三分錢。如果波拿巴能利用法國在美洲領土上的合法權利，橫跨大西洋去探索並打造一個碩大的疆土，而不是試著要在歐洲建立一個不合法的帝國，那他或許能使法國繁榮，而不是令她窮困潦倒。他可以為無數有冒險犯難精神的法國年輕人提供機會，而不是讓他們死於徒勞無功的戰爭中，還連帶地在對手英國身上強加比他在歐洲所製造的更大災害。他也會永久地改變地球的面貌，那本是他在生涯最終的未竟之功。但是他對美洲一無所知，也完全不感興趣，等到他想要了解也太遲了。他對大西洋這片廣闊的海洋感到恐懼。對於世界這艘大船他避開了視線，卻只專注在歐洲的戰場，在這方面，他等於是洩漏了其科西嘉狹隘的海島背景。因此在波拿巴時期，美國是受惠最多的國家，而且獲益良久。

日耳曼的知識分子在一開始的時候，幾乎全體都擁戴波拿巴為英雄。在詩人的眼中，他不僅被視為狂野冒險的浪漫精神的縮影，也被當作啟蒙的、全能國家的化身。這樣的理想強烈地吸引許多人，包括年輕的哲學家黑格爾，他對於國家的狂熱，為俾斯麥的普魯士鐵血政策開了路，但更慘的是，也為阿道夫．希特勒的第三帝國打下根基。黑格爾曾站在路旁，向凱旋經過的波拿巴脫帽致敬，甚至在法國士兵偷走他的財產後，他還繼續阿諛奉承地為他鼓掌。後來，日耳曼的輿論轉向反對拿破崙，而黑格爾正急於不計一切代價成為柏林大學的哲學教授，因此他否認了對於法國文明（civilisation）的支持，轉而擁抱日耳曼文化（Kultur）。我們可以說他是因為錯誤的理由愛上了波拿巴主義，又因為錯誤的理由而不愛了。

相較之下貝多芬就很不一樣。當時他在寫作第三號交響曲，那是一個將要永遠打破老舊交響曲形式的偉大工程。他的朋友費迪南・里斯親眼目睹並且證實道：

> 在這部交響曲中，貝多芬心裡想的就是拿破崙。但那是他擔任第一執政的時候。當時貝多芬十分景仰他（一八〇四年），並將他比作偉大的羅馬執政官。我……看到一份放在他桌上的樂稿，在首頁的最上方寫著『波拿巴』，最下方則署名『路易奇[13]・范・貝多芬』，除此別無他字……。我是第一個將波拿巴自立為皇的情報帶給他的人。他聽到後大發雷霆，並且喊著：『所以他也不過就是一個凡人罷了？現在他也會蹂躪人們的所有權利，沉迷在自己的野心裡。他會將自己置於所有人之上，變成一個暴君。』貝多芬走向桌子，拿起了樂譜首頁，撕成兩

13 貝多芬的名字拼法為Ludwig van Beethoven，「路易奇」譯自Ludwig的義大利文版Luigi。

半，然後扔在地上。

日耳曼其他著名的創作者則保持比較審慎的態度，但也一樣鄙夷波拿巴。一八〇八年秋天，在埃爾富特一場王侯齊聚、別開生面的集會裡，身為日耳曼重要作家及萊因區政府要人的歌德也出席了。這是一場帝國高峰會議，目的是為了令人驚艷。波拿巴所接收的皇宮被重新布置，上百輛馬車運來了法國的家具、薩佛納里織錦、歐布松地毯、塞弗爾的瓷器、金器銀器，二十來人的法國主廚團隊，堆成一座座小山的肉醬、乳酪、火腿、松露，以及一箱箱的陳年波爾多酒和香檳。除了沙皇之外，所有王侯時間一到都要迎接皇帝入場，他們站著彎腰敬禮，女眷則行深深的屈膝禮。上至公爵、主教，下至作家，所有高貴人士都出席了，等著皇帝向他們看上一眼。波拿巴宣布卡塞爾為日耳曼（新成立的西伐利亞王國）新首都。接著是日耳曼傑出的歷史學家約翰內斯·馮·穆勒要留意細節好為皇帝作傳（他已寫過腓特烈大帝的傳記），格林[14]被指派擔任圖書館館長，而貝多芬則出任宮廷音樂家。其他的公告將陸續發布（但其實沒有幾個）。然後波拿巴瞥見了歌德，便召他過去說話。

歌德發現皇帝正狼吞虎嚥吃著早餐，就站著看他。他注意到那件禁衛隊輕騎兵的綠色制服，以及波拿巴不寫字時就藏在背心裡的、帶著女性氣質的小手。信差陸續抵達，塔列朗也帶來外交的消息。皮耶・安東・達呂將軍作了一項在普魯士徵兵的簡報，這些士兵現正接受訓練，但最後將凍死、被拋棄在俄羅斯的荒原中。雖然歌德不由自主地對大人物印象深刻：他當年三十八歲，身材開始發福，卻以堅決的語句、簡短的點頭或是快速的否決來統治這個世界。最後他帶著一種讚賞的表情轉向歌德，對隨從說道：「這是一號人物。」奉承之後，就是一連串的家常問題轟炸：你幾歲？你有小孩嗎？你的公爵[15]最近如何？你正在寫什麼？你見過沙皇了嗎？你一定要描述這場高峰會，寫成小冊子並獻給沙皇，他一定會很高興的。歌德說：「我沒做過這樣的事。」「那就從現在開始啊。記得伏爾泰吧。」波拿巴微笑著，「《少年維特的煩惱》我已經讀過七次了，我到埃及都帶著它，在金字塔下展讀，那是我馬車裡的行動圖書館的一部分。然而，對這本書我也有些批評。」歌德耐心地聽著，「現在，歌德先生，讓我

14 這裡指的是格林兄弟當中的哥哥雅各（Jacob Grimm, 1785-1863），著名的語言學家。兄弟倆以蒐集編纂的童話故事集傳世。拿破崙任命雅各為西伐利亞國王（拿破崙之弟傑霍姆）的私人圖書館館長。

15 這裡指的是薩克森－威瑪－艾森納赫公爵（Karl August, Grand Duke of Saxe-Weimar-Eisenach, 1757-1828），不僅是歌德的贊助人，也延攬歌德擔任使館參贊。兩人並曾參與多次對抗拿破崙的戰役。

切入重點，來巴黎吧。我無比誠摯地請求你，就當是幫我一個忙。現在正缺好戲，你要來寫，來表現一個偉大的人物，一個現代的凱撒大帝，如何為人類帶來普遍的幸福。到巴黎寫，然後法國戲劇院會讓它發光。我懇求你。我愛劇場，如果高乃伊[16]還在世，我一定讓他當親王。」諸如此類。歌德很有禮貌地聽著，不時鞠躬致意，但以推託的遁詞回應。世界上最有影響力的人懇求最偉大的作家卻碰了壁，這個場景簡直就是齣喜劇。最後波拿巴厭倦了這角色，轉而聽取波蘭的報告。歌德問管家說他是否可以離開（他已經站了一個多小時），頭也不抬的波拿巴點了頭。歌德注意到的最後一件事，是濃烈的古龍水味道，波拿巴總是在身上噴灑大量的古龍水。

波拿巴以不同的方式讓不同的人印象深刻，無論是在他的時代或之後。他那忙碌、有效或至少持續的活動力對某些性格的人深具吸引力，但有些人則嫌惡、或是抱持懷疑。一位崇拜波拿巴的記者皮耶－路易．羅德黑，對工作時處於最佳狀態的波拿巴有過完整的敘述。這段正式而學術性的描寫，性質相當於英格列與格羅的畫作，很值得大段落地摘錄下來，因為大部分都是真的：

每次（國務院）開會他都很準時，他總是把會議延長五、六個小時，每次提出的主題都會事先或事後討論，並且總是以『這樣公平嗎？』、『這樣有用嗎？』這兩個問題來檢視每個主題本身……然後諮詢最佳的權威……每次開完會，與會成員一定會比前一天前知道得更多，就算不是從他那裡得知，至少也是透過他要他們做的調查研究得知。當立法院、元老院或護民院的成員向他致敬時，他會以寶貴的建議來回饋他們。只要置身一群公眾人物當中，他一定會表現得像個政治家，而所有人圍繞著他形成一個國務院。……他個性最鮮明之處是那股力量、彈性、以及注意力的持續性。他可以在一個或數個主題上，接連工作十八個小時。我從沒看見他累過。我也從沒發現過他缺乏靈感，即使是身體出現倦態、或激烈運動或生氣時。

羅德黑寫說，這個超人主持會議可以從早上九點一路進行到下午五點，中間只休息十五分鐘，結束時看起來也不會比開始時更累。的確，「當他的同儕在強加的重擔之下都垮了、沉沒了的時候，他則毫不費力地支持他們。」羅德黑引述波拿巴的話：

16 這裡指的是皮耶．高乃伊（Pierre Corneille, 1606-1684），法國古典悲劇的代表性人物，根據西班牙傳奇英雄人物所創作的《熙德》（*Le Cid*）在巴黎獲得巨大成功。

不同的主題和事情都像收納在抽屜櫃一樣地收在我的大腦裡。當我要做某件事的時候，我就把一個抽屜關上然後打開另一個。他們從不會互相混淆，我也不會感到困擾或是疲倦。如果我想睡，我就把所有的抽屜關掉，然後上床睡覺……。我無時不在工作。我做大量的思考。如果我看來總是能夠勝任各種情況、準備好迎接各種局面，那是因為在著手之前我已經對這個事情進行過長時間的思索了。我會預想可能發生的情況……。我總是在工作，不管是晚餐或是看戲的時候。我會在半夜裡醒來繼續幹活。昨晚我清晨兩點醒來，先在沙發上伸展一下，然後精神抖擻地檢查戰爭部送來的軍事報告，我在其中發現二十個錯誤，並做了註記，然後在早上把它寄給部長，他現在正和部員一起校正中……。和戰爭相關的東西沒有我不能做的。如果沒有人知道要怎麼製造彈藥，我知道；我能打造砲車；如果得要鑄製大砲的話，我也能監督以確保製作無誤；而若要教授戰術細節，我也能教。

布希安寫道：「他對於正確的名字、字詞和日期的記性不佳，但是對於事實和地點卻記憶驚人。」另一位副官達呂將軍，一八〇五年八月十三日在總部記錄波拿巴對他口述的對奧作戰計畫，一路到達最高潮的奧斯特里茨之役：

行進的次序、時間的長度、縱隊會合的地點、火力全開的攻擊、敵軍不同的行動以及錯誤，完全是飛快地講述著，他事先都預想好了，而且還是在兩百里格的距離之外……。戰場、勝仗乃至於我們進入慕尼黑以及維也納的確切日期，都跟當時發布並記錄的一樣。

對於波拿巴的書記及其他見證者又吹噓又大驚小怪的崇拜，現在的讀者盡可以選擇性地相信。當軍隊裡有六千座大砲的時候，他還真的記得在奧斯坦德那兩座大砲的確切位置；或是在二十萬大軍中，他能為一排迷路的士兵指出正確的行進方向，好讓他們重新加入軍隊——兩則關於他無所不能的典型軼事。但是波拿巴許多智力奇蹟的可信度，就跟說皇室的機智言談很幽默是同一回事。那些最極力奉承他的人，為了自身的尊嚴，最需要把他說成巨人不可。他喜歡被書本圍繞，並且在不同時期皆擁有大量的書籍——即使在聖赫勒拿島上那樣窘迫的環境中，他都有三千三百七十冊藏書。但是約瑟芬皇后的侍女雷姆莎夫人曾見證道：「他真的很無知，書讀得又少又輕率。」

斯湯達爾則宣稱波拿巴沒有讀過皮耶・貝爾的《歷史批判辭典》[17]、孟德斯鳩的《法意》、亞當・斯密的《國富論》，這三本著作在當時被視為公職人員必讀的經典。他自己則承認，他比較喜歡透過耳朵、透過不斷提出問題所得到的答案來學習。不幸的是，為了要持續發動快速的疑問攻勢來讓聽眾印象深刻，他卻不常傾聽、也不見得會記住答案。

從他工作方式的敘述中可以發現，他對細節全神貫注，但這也代表了他很難交派工作。在當時，上位者必須要親力親為的情況也不罕見。威靈頓從痛苦的經驗中學到，他手下沒有幾個軍官能有效率地做事，一個也沒有。有時候他被迫要把工作全攬在身上。比方說，他會抱怨英軍中央只由一百五十個職員進行管理，而波拿巴的法國戰爭部裡，則有八千到一萬兩千名辛勤的員工，每天早上六點就進辦公室。而且從我們所知道的波拿巴工作紀錄來看，他似乎還會一而再、再而三地給這些大量的、辛勤的官僚人員更多的工作。

拿破崙帝國的問題在於，它沒有自然形成或甚至人為的階層制度。在波拿巴一人之下、萬人之上的有三位主要人物（除了做到一八一四年的參謀長貝爾提耶之外）。塔列朗負責外交以及許多其他事務。他出身良好，但是當他還很小的時候，護士不慎將他摔落，造成他終身跛行。這意謂著他無法投身軍旅，所以他被除去了繼承權，然後交給教會，他痛恨教會職涯。一七八九年初他升任為歐坦主教，當三級會議召開時，他抓住機會加入革命軍。此後無論政府的形式有多少改變，他都效忠於新政權，除了「恐怖時代」移居到英美、低地國以及日耳曼之外。他在一七九七年初任外交部長，為波拿巴的政治利益發聲，協助組織一七九九年十一月的霧月政變，然後於一七九九年到一八〇七年間，再度出任外交部長。他和波拿巴剛好相反：懶散、沉默寡言，發公文或是寫信時都需要協助，但是他深思熟慮，對於歐洲國家的本質，什麼可以容忍、什麼不能容忍，都有深刻的見解。威靈頓曾如此評論他：「在交談中，他不會很活躍或令人舒服，但是偶爾他會冒出一句令你終身難忘的話。」波拿巴短視，塔列朗則遠慮，這讓他偏愛中庸之道。他要的是持久的和平，如此法國才能從中擴張與茁壯，而不是列強眼中忌妒與仇恨的對象。他視自己為歐洲的僕人，而法國儘管是最重要的一員，卻也只是其中的一個歷史單位。他協助波拿巴的帝國組織各種不同的元素，特別

17 皮耶・貝爾（Pierre Bayle, 1647-1706），法國百科全書派的先驅，因信仰胡格諾教派而移居荷蘭，鼓吹對不同宗教信仰採取寬容態度。出版於一六九七年的代表作《歷史批判辭典》，因其嚴謹懷疑的治學方法而影響了之後的啟蒙運動。

是那些他建立的新王國。從所有的關係人手中得到賞金後，塔列朗就富了起來，但是豪奢的花錢習慣讓他貪得無饜。到了一八〇七年，他確定波拿巴永遠不會接受他中道的建議，並已踏上萬劫不復之路。之後他雖然仍在拿破崙麾下，卻和奧地利與俄羅斯宮廷以及其他公國建立關係，擔任起雙面間諜，並依此收取費用。波拿巴知道他的貪腐與兩面討好，起碼是略有所聞。在所謂塔列朗與富歇的陰謀敗露，也就是皇帝的兩大部長被發現在籌畫以穆哈取代波拿巴的密謀之後，皇帝在驚詫的朝臣前對塔列朗展開一番冗長而公開的嚴斥。他那一套閱兵場的語言很嚇人，在對英國駐法大使惠特沃思長篇大論時，他說塔列朗是「絲襪裡的大便」，一直到今天，沒有人知道波拿巴的脾氣失控到底是不是故意的。最後勝出的是塔列朗，他不答話只回禮（這是當凡爾賽宮的皇室生氣時，他所學到的經驗），卻與其他中立派往來得更加頻繁。某種程度上，君王們開始信任他，當波拿巴的軍事力量垮台時，這對法國來說成了很寶貴的資源，因為諸國寧願與塔列朗談判。他們遵循了他溫和的建議，而不是像獨裁者一樣斷然拒絕，他也因此使法國免於接受迦太基式的和平[18]。

約瑟夫·富歇是比塔列朗更粗俗卑劣的傢伙，但都同樣具有生存的本事。他原來是個養尊處優的教士，後來成為雅各賓派的代表，在羅伯斯比爾的恐怖時代裡出任公職。熱月政變[19]後倖存，繼續在督政府裡擔任巴黎警察，而對霧月政變的支持，則讓他在波拿巴政權底下以出任警察總長作為獎賞，直到一八一〇年為止。富歇極少忠於任何人或任何事，但是他底下有一大群人掌握大筆預算以及無數的線民，他的情報網不僅涵蓋法國也遍布歐洲，在巴黎更是特別活躍，這對波拿巴來說有不可取代的價值，也讓他能夠領先群雄、持續掌權。一八一〇年富歇被免職之後，波拿巴的地位就不再穩固了。富歇看清了這場遊戲快要玩完，開始有系統地與保皇黨建立關係。這讓他在一八一四年波拿巴第一次垮台時，對法國做出了無價的貢獻。在與厄爾巴的波拿巴保持連繫的同時，他也協助路易十八復辟。百日王朝期間，他再次擔任警察總長。滑鐵盧之役後他又倖存下來，當返國的流亡分子強烈地要求國王驅逐他時，他又再度受命於朝廷。一八二〇年在翠斯特過世，由於關節炎病勢兇猛，他的身體完全無法被

18「迦太基式的和平」典出羅馬強加於迦太基的粗暴和平。以貿易立國的迦太基在與羅馬帝國的第二次布匿戰爭戰敗後，雙方簽訂和平條約，迦太基不僅失去所有殖民地、被迫非軍事化、還得支付羅馬年貢，即便如此，羅馬人還是在第三次布匿戰爭中徹底毀滅了迦太基。後世則引申為加諸在戰敗者身上、過於嚴酷以致對方無法翻身的和平條約，例如《凡爾賽和約》。

19 熱月政變（The Thermidor reaction）法國大革命後推翻雅各賓派羅伯斯比爾恐怖統治的政變，因發生在共和二年熱月九日（一七九四年七月二十七日），故名。

拉直，只能在棺材中以坐姿下葬。富歇操作了世界上第一個秘密警察組織，可說是希姆萊與貝利亞的祖師爺。他是波拿巴遺害中的一個重要元素，因為他的一些作法被奧地利與普魯士廣泛套用，並且延續到二十世紀。連在無關緊要的瑞典，波拿巴的元帥尚－巴提斯・貝納多[20]也如法炮製。

這三重奏的最後一人是維旺・德農。在波拿巴刻意擺脫他那軍人與冒險家的惹人厭名聲，試圖變身為文化贊助者的過程中，德農是關鍵人物。當他被任命為所有法國博物館的館長時，公共收藏正蔚為時尚，而藝術，相對於貴族精英來說，開始被視為中產階級、甚至是每個人都能欣賞的事物，德農因此可說是進步的創新者。他也可以被視為波拿巴赤裸裸的獨裁政權上一抹無花果葉、一名文化長工，將中央集權的暴政轉譯為安撫人心的藝術術語，呈現波拿巴主義可被接受的一面。他是名副其實的文化宣傳者，他的角色可與希特勒手下的宣傳部長約瑟夫・戈培爾和首席建築師亞伯特・斯佩爾，或是戴高樂總統屬下的文化部長安德烈・馬爾羅相提並論。

波拿巴一出生就是個準義大利人，但在國籍歸化後，他變成了一個擁護法國文化的種族主義者。他將法國文化的訴求視為在敵營內策反的第五縱隊，他能憑藉此力超越那些充滿恨意的王侯，向全歐洲的知識分子、年輕人、革新派、波希米亞族群以及激進主義者的心靈喊話。因此，德農就處在這個遍布全歐洲的文化網絡的中心。在建造了第一條現代通衢大道——里沃利大道——之後，巴黎被美化了。波拿巴並沒有時間貫徹這個把中古城市改造成大道之都的計畫——這將留給其最終繼任者拿破崙三世來執行。但是在指定巴黎為文明的世界之都後，他花了大把銀子來妝點這座城。當凱旋的軍隊在巴黎會合時，那些載運了被洗劫財物的火車，裡頭裝滿了骨董與大師的經典之作，外頭貼了這樣的標籤：「希臘放棄了它們、羅馬失去了它們，它們的命運已經被改寫兩次，但不會再發生了。」

由華美絕倫的塞弗爾皇家瓷器工廠所領導的法國文化製造業，也進入了復甦且極其活躍的時代。波拿巴以他一貫的作風，指派科學家與發明家亞歷山大·布荷尼亞來經營塞弗爾，開啟了許多技術上的創新。但是就像其他所有機構一樣，塞弗爾的主要功能是要為政權打下根基。工廠製作了成千上萬的波拿巴圖像，有將軍模樣的、第一執政模樣的，以及皇帝模樣的；有半身像、全身像、騎馬雕像，有裸身的也有披帛的，

20 尚—巴提斯·貝納多（Jean-Baptiste Bernadotte, 1763-1844），拿破崙提拔的法軍元帥，經瑞典國會選為無子嗣的卡爾十三世繼承人，一八一八年即位瑞典國王。娶妻德希蕾·克拉里，拿破崙的情婦之一，其姊茱莉·克拉里則為拿破崙長兄約瑟夫的妻子。

有戴皇冠跟沒有戴的，有的是瓷器有的是銅製，大小不一而足。他的兩位夫人跟家庭成員，也都有無數的半身像。他指派德農去監督一件寶琳的手部瓷器（還得先製作石膏模具才行），她那美麗的腳也有這樣一件。塞弗爾在一八一〇年打造出精美的瑪黑索餐具，這一組手繪瓷器描繪了波拿巴本人以及他的十三位大元帥，還製作了豪華的花瓶紀念波拿巴在奧斯特里茨的勝利，以及橫越大聖伯納山口的事蹟。

德農和波拿巴的確重建並確立了法國作為各種奢侈品領導品牌的地位，從紡織品、家具到女性服飾。成千上億的金錢被花在把法國皇宮、宅邸、部會以及機構改頭換面的整修工程上——只要是波拿巴認為有價值的就行。由百萬富豪的元帥們所引領的政權新貴跟上了這股風潮，而法國時髦工坊的產品就隨著法國勢力外銷到各地。這個風格後來被稱為「帝國」風格，摻雜著一點羅馬風，裝飾華麗而金光閃閃，確確實實預告了「鍍金時代」的來臨，大把大把的熱錢湧進，然後毫不介意地隨便揮霍在華麗的場面上。法國彼時甚至還沒有工業化，但是由技藝高超的工匠所撐起來的都市經濟，在這樣的挹注下飛快地繁榮起來。波拿巴政策中極重要的一環，就是盡可能地滿足法國，同時不放棄統治歐洲的野心。這既是一種文化帝國主義，也可促進國內穩定。值得注意的是，法國內政部分成如下部門：農業、商業、自然資源、人口、貿易平衡、工廠、礦業、鑄造廠、宗教、教育，還有關於劇場、建築、音樂以及文學的藝術部門。這樣全能的定位，是很典型的波拿巴概念，因為他相信他自己或是國家，對每件事自有解答。這也是二十世紀極權主義國家的原型。因此據說當有人建議法國需要更多好作家時，皇帝回答道：「那是內政部的事。」

德農的作風是，支付豐厚的賞金給那些為政權歌功頌德的受寵畫家，如雅克・路易・大衛及格羅男爵。外籍雕塑家也一樣會發給優渥的佣金，像卡諾瓦便曾製作一尊皇帝的大理石雕像，幾乎全裸而且有十英呎高（他很習慣接受這類與事實不一致的委託，其中還包括把華盛頓雕刻成羅馬時期的元老院參議官）。科學類的獎項也會頒給外國人，包含英國爵士漢弗萊・戴維（但這類有獎金的獎項最後不一定會支付獎金）。在德農的指導下，法國總督在一八〇五年啟用了米蘭的第一座公立博物館，那不勒斯國王穆哈隔年設立了一座博物館，西班牙國王約瑟夫則在一八〇九年籌備後來的普拉多博物館。當時還有許多重建工程。在威尼斯的新、舊行政官邸大樓[21]地區，原本要為皇帝量身建造皇宮而遭到大肆破壞，幸好波拿巴倒台之後，這項工程就停止並且恢

21 行政官邸大樓（Procuratie）是義大利威尼斯聖馬可廣場上三座相連的歷史建築，最終完成於拿破崙佔領時期，也與聖馬可鐘塔相連。

復原貌。在羅馬這座他任命自己的兒子為王的城市，他也著意建造了人民廣場。許多類似這種紀念性質的擘劃遍布歐洲其他地方，但大多只是幻想階段，就像墨索里尼和斯佩爾那些宏大的計畫一樣。

德農在帝國文化的表現上鍍了太多的金，但在公共展示中則用了太多的硬紙板。整體而言，這是波拿巴獨裁政權中最成功的面向，在他身後亦成果斐然。因為如果波拿巴只是個打勝仗的軍人和征服者，一個像法蘭西這樣的國家不可能在一八三〇年開始為拿破崙的形象進行公開平反，並持續至今。多虧有德農，波拿巴才能成功地打一手文化牌，讓這個形象永垂不朽。

波拿巴的另一個強項是以制訂法律聞名，這讓他得以自稱現代世界的查士丁尼大帝。儘管黎塞留、馬札蘭、寇伯特[22]等人，以及路易十五晚年和路易十六時期的改革自由派，都曾致力於中央集權化與現代化，但舊體制還是保留了許多封建主義與地方主義的特色。大革命接續了此項使命，制訂了將近一萬五千條法規，並且幾番嘗試著要將它們納入同一部法典裡。擁有絕對權威以及習慣快速決策的波拿巴，推了這個計畫一把。雖然人們總是褒揚他親力親為，但是在一八〇一年底完成法典草案所需要的八十七場國務會議中，波拿巴只出席了三十六場。一八〇四年三月，法典的兩千兩百八十一項條文終於付梓，命名為《民法典》。在一八〇七年到一八一四年之間，也稱為《拿破崙法典》。法典廢除了殘存的封建制度，起碼在理論上，建立了法律之前人人平等的原則。在法國法令通行的歐洲地區，或是說法軍佔領的營地，都須遵守法典。法典中比較理性以及受歡迎的法律存續了下來，因此這部法典對於歐洲大部分地區有著巨大的影響，至今亦然。這不是波拿巴創造的，但另一方面，沒有他也不可能有這部法典。其中大多數看來新奇的點子都不是新的——畢竟，英國國會早在一六四〇年代就廢除了封建制度。由於反映了波拿巴的意見，所以法典較為保守，甚至帶著父權色彩。在大革命中有所進展的女權反而開了倒車（波拿巴討厭女人干政，對女性角色的看法很接近希特勒的「教堂、廚房、小孩」）。《民法典》也讓法國在西印度重啟奴隸制度，而當時英國才剛立法廢除奴隸交易。對於自由主義者來說，法典包含了許多公開或隱藏的問題，也嚴重地傾向公共權威而非個人自由。它讓我們想起那句關於權力的法國諺語：「只有權力才能更正權力的濫用。」儘管缺失百出，法典仍是波拿巴的一尊紀念碑。

22 黎塞留（Armand Jean du Plessis de Richelieu, 1586-1642），馬札蘭（Jules Cardinal Mazarin, 1602-1661）和寇伯特（Jean-Baptiste Colbert, 1619-1683）均是法王路易十三、路易十四時代最重要的政治人物。

法典為波拿巴政權帶來了一種原本沒有的統一性。大革命已經廢除了法國可以追溯到中古世紀早期、甚至羅馬時代傳統的地域疆界，而強制執行「省」和「省長」制度。波拿巴以暴力與恐懼強化新制度，但古老的法國可沒這麼容易被驅魔。即使在他死後半世紀，可能很大部分的法國國民說的還不是我們所謂的法語。波拿巴的獨裁政權與其二十世紀的繼任者最根本的不同在於，那並不是以政黨作為基礎。他沒有政黨。其政權的鞏固，事實上是靠著在雅各賓派、保皇黨以及其他政黨之間維持平衡。但就算他沒有政黨，他卻坐擁兵權，這就是他權力來源的基礎。儘管軍隊壟斷一切勢力（甚至凌駕在富歇與警察之上），但並不像現代的政黨一樣滲透到各個層面。再者，作為一種有別於戰爭的統治工具，其有效性很自然地決定於波拿巴所授權的人：他家族的男性成員以及他任命的元帥們。

這兩群人都不適任，儘管有些人是比其他人好一點。拿破崙奪取了黑斯－卡塞爾、布倫斯威克、一點點漢諾威、以及薩克森，湊成了脆弱的西伐利亞王國，交給他的弟弟傑霍姆。這位君王有意識地要努力執行這項不可能的任務。整塊領土大約有三千四百萬法郎的固定收益。一千萬要付給法國駐軍（傑霍姆還要另外募兵），七百萬直接給皇帝，每年還要支付法國五千萬的債務。這導致傑霍姆須變賣國家資產以換取現金度日。如此下去絕非長遠之計，即使盟軍沒有在一八一三年將它解散，這個王國大概也會分崩離析。

波拿巴的繼子歐仁．德．博阿赫內，在一八〇五年成為義大利總督（由法國所佔據的領土組成），同樣地也在國務上全力以赴。有些義大利人喜歡他，雖然整體來說他們討厭法國人。在他自己的努力下，他和巴伐利亞的公主締結良緣。在波拿巴一八一二年到一四年的災難中，歐仁能倖存並且保住王國的機率很小，然而維也納國會卻給了他一筆退休金，並且立他為艾克斯泰親王。

新國家中最令人難以置信的是巴達維亞共和國，涵蓋了奧倫治王室舊時的荷蘭領土，由督政府在一七九五年設立。波拿巴將之改為荷蘭王國，在一八〇六年任命其弟路西安為荷蘭王。這些傀儡國王得作出悲慘的抉擇：是要冒著與臣民作對的危險而服從波拿巴，還是要承受被罷黜的風險來違抗他。路西安選擇了第二條路，以致在一八一〇年被迫退位，然後這塊領土就納入法國疆界。波拿巴的哥哥約瑟夫是兄弟中最年長也最順從的一位，他選了另一條路，先是當上那不勒斯國王，接著在一八〇八年被立為西班牙國王。他後來被當成無關緊要的人物，在兩個王國裡都遭遇悲慘的失敗。他在那不勒斯被約阿辛．穆哈所取代。穆哈是加斯科涅一個窮旅社老闆的兒子，因為娶了波拿巴的妹妹卡洛琳而封侯拜相。穆哈喜愛讓人興奮的制服跟聳動的頭銜。他擁有法國的海軍大將、柏格與克萊夫大公、帝國親王，以及法國元帥制度的創始成員等諸多身分，這些叮噹作響的勳章和星星都閃亮地展示在他寬闊的胸膛前。他有些那不勒斯人所崇尚的時髦習氣。但由於他是波拿巴最傑出的騎兵指揮官，常駐於俄羅斯等地，所以治國大事幾乎都交給卡洛琳。雖然她自私又不忠，但在治國上卻比他能幹。如果是她獨自留下來，或許能在波拿巴垮台時倖存。但是穆哈愚蠢地在一八一五年三月逃回來而遭到處決。卡洛琳則是在佛羅倫斯以里坡拿女伯爵的身分度過餘生。里坡拿（Lipona）是拿坡里（Napoli，那不勒斯的義大利文拼法）的變位字。

在波拿巴政府的高階人員中，唯一一位在他垮台時倖存下來、並且分毫未損的當權者是尚－巴提斯·貝納多。他能很快地升到元帥軍階，都是因為娶了德希蕾·克拉里的緣故。德希蕾曾是拿破崙的情婦，他也因此成了「家族」的一員。一八一〇年阿諛的瑞典國會推舉貝納多為無子嗣的查理十二的繼承人，意欲以此贏得與波拿巴的友好關係。而這位從未被波拿巴擢升為指揮官的元帥（他既遲疑又謹慎），竟因此倒向另一邊，將瑞典牽回了盟軍的營隊。結果證明他當國王要比當將軍傑出，他一路稱王直到一八四四年，八十多歲時　於任上。

當然啦，瑞典是一個真的王國，也是自然形成的種族實體。華沙大公國在某個程度上也是，這個波拿巴在一八〇七年所建立的短暫傀儡政權，存活到波拿巴從莫斯科撤退時被俄羅斯軍隊所佔領為止。西班牙與荷蘭也是篡奪而來的，一旦法國刺刀撤離，他們自然就回歸到原本的疆界。其他在義大利、日耳曼等地建立的王國，亦是粗糙的產物，完全是波拿巴在地圖會議中繪製而成的實體，很容易發生法律、疆界、統治者以及憲法的變動。這些王國在掃除如神聖羅馬帝國這類舊體制以及威尼斯這類危國的過程中扮演了歷史性的角色，也因此加速了日耳曼及義大利的民族主義和政治統一的發展。但即使在當時，也沒有什麼人會相信這些王國能存留下來。所有的傀儡政權以及王國，都是為了波拿巴能夠募錢、募兵以便繼續打仗的設計。在此同時，以地圖學的角度來看，法國本身也擴張了，國土和人口都多了一倍，涵蓋一百三十個省份、四千四百萬人。但這個變大的法國只是徒增治理上的麻煩而已。

波拿巴學到的慘痛教訓是，軍事統治、或者說是由軍人來統治，只有在緊急狀態下短暫有效（如果有效的話）。那麼某個程度來說，整個拿破崙帝國就是一個緊急狀態下的政治實體，是蓋來一燒而盡而非永續經營的。資深的將軍們為帝國形成了屏障，一八〇四年波拿巴擢升其中十八位為元帥。元帥軍階組成了一個展現軍隊力量與光榮的學會，不時還會有其他著名的將軍加入，總共增加了七位。元帥階級對於波拿巴並不構成威脅。因為他們既沒有集體的力量或功能，除了社交場合也不正式聚會。這是一個讓他的兵將安於政權現狀的便宜之計，尤其是還伴隨著頭銜與賞金。波拿巴像是一個大族長，在這點上他忠於科西嘉傳統，視其寵愛的士兵為英勇家族的一員，藉以補強其原生家族的不足。諸如穆哈等人就受封王侯，大多數人則賜與爵位。因此安多歇・朱諾名列阿布朗特公爵；身為將軍的傑哈・杜洛克卻接掌宮廷總管，也位居弗柳爾公爵。還有奧古斯特・馬爾蒙則為拉古薩公爵，族繁不及備載。他們當中的大多數都會被授與相稱、有時甚至是龐大的地產，並附贈國外資產。波拿巴還可能送給寵愛的指揮官一棟巴黎的房子。他發給他們的薪餉是一年十萬到二十萬法郎，當他們結婚時還會得到金額相近的禮物，他對他們的小孩也很慷慨。波拿巴在他的皇宮以及政府機構創造出一種豪奢的氣氛，也鼓勵元帥們響應，但是他本人卻保有儉省的習慣。他是透過元帥們（以及其他放縱的僕傭和友人）的生活體驗奢華，他還會在筆記本上記錄送出去的禮物。

這群元帥是個奇妙的組合，有老兵、浪漫派、鋌而走險之徒、歹徒、騎牆派以及犬儒主義者。幾乎毫無例外地，他們都是勇夫。來自加斯科涅的元帥們——約阿辛・

穆哈、米榭・納伊、尚・拉納和尼古拉斯・尚・德迪烏・蘇爾特等人，尤其如此。波拿巴稱納伊為「勇者中的勇者」，如果有人想知道來由的話，可以到巴黎的「觀察家路」附近去找他的雕像，上面列出了他光榮參與的無數戰役。有些人曾在舊體制下服役，像是騎兵出身的尼可拉－夏爾・烏迪納，帶著二十二條傷疤轉投新主人麾下。半數的元帥是從士兵升上來的。法蘭斯瓦－約瑟夫・樂福佛曾經是路易十六侍衛隊的中士，後來在俄羅斯帶領皇家侍衛步兵團。被問到波拿巴對於元帥如此慷慨合理嗎，這位傷痕累累的老兵回答：「我們一起到我的院子裡，讓我對你開六十槍，如果你最後還活著的話，你可以拿走我擁有的一切。」有些人，像安德烈・馬塞納這樣無可救藥的貪污者，即使以波拿巴軍隊的水準來看，也算是惡名昭彰的強盜。的確，馬塞納曾有一兩回因為被罰以卸除指揮權而大怒。但是如此無價之寶怎能退休呢，他後來位居元帥、坐擁里沃利公爵以及親王等頭銜。有些是很本份的軍人。有些人像蘇爾特，則是狡猾的求生者，他們比主人還長命，在末代波旁王朝以及路易－菲利普[23]的宮廷裡，繼續閃耀著他們身上的星星。

23 路易－菲利普（Louis-Philippe, 1773-1850），又稱「路易腓力」，一八三〇年法國七月革命後被選為攝政，八月加冕成為國王，一八四八年遜位。

很少人能獨立思考——這也是他們的弱點所在。幾乎毫無例外地，他們都是附屬品。在一個果決的軍事天才如波拿巴的指揮下，他們能成就非凡。他們忙著服從他的命令、取悅他、贏得他的讚美與獎賞。有時候，他們被授予獨立的指揮權時能表現良好，特別是如果他的命令清楚明瞭，而任務又合理地簡單。但若單獨行動，他們則顯得慌張、左顧右盼，面對他沒有教過解決方法的新問題時，無法隨機應變。這大大地激怒了皇帝，尤其是在他們都打了敗仗的西班牙。但這是他自己的錯。他不來充分授權這一套，因此在他指揮下提拔的，通常是能準確執行命令、而非擁有自己想法的人。這個弱點是帝國覆滅的核心關鍵。因為波拿巴不只讓他的元帥和將軍指揮他無法親自監督的遙遠軍隊，也讓他們治理行省與王國，統籌使節，鎮壓叛變，並且不時要處理在擁有將近八千萬人的疆土上所發生的危機。

波拿巴身上有種孑然獨立的味道。他不是一個穩固的權力金字塔的鎮山之石。在他本人跟指揮鏈下方的第二人之間，裂開一道無法跨越的鴻溝。除了他人格裡那種隱藏的威脅，這個事實本身就能引發恐懼。整個國家和帝國，都由一種無所不在的恐懼所黏合而成。這並不是說波拿巴謀殺了多少人。他可以任意地監禁、放逐任何人，他的警察系統無孔不入而且不屈不撓。他掌控了印刷媒體和劇院，他的民意機構都是幌子。但是他並沒有集中營，他對昂基安公爵採取的司法謀殺之所以被記得，並一再地被提起，作為反對波拿巴的事證，正是因為它是那麼地罕見。塔列朗曾諷刺地說道：「這比犯罪更糟，因為他犯了錯。」但這也有助於激發恐懼，尤其是在歐洲的親王與諸侯之間。他們會覺得，如果軍隊打輸了，他們也會被拖到軍事法庭上判刑槍決。

關於波拿巴所激發的恐懼，德．斯達爾夫人提供了最佳的說明。她的著作《十年流放》對此人的作為有深刻的洞察（倒不是他的心理，因為那深不可測），是理解拿破崙時期不可或缺的指南。德．斯達爾可不是一個被嚇大的女子。她的父親是家財萬貫的銀行家賈克．內克爾，在舊政權時致力重整混亂的財政。富有又獨立、說話大膽又能切中重點，她是如此獨特而突出，不僅有可能與波拿巴聯姻，也或許可與他的死對頭威廉．皮特共結連理。然而兩人都無意成家，他們志在立業。所以，潔蔓．德．斯達爾絕非膽小怯懦之輩。早在波拿巴專政早期，她就問過他的副官皮耶．歐傑侯，波拿巴是否意圖自立為義大利國王，他答道：「當然不是。這個年輕人的能耐遠高於此。」德．斯達爾覺得這句話不太尋常：

我並沒有因此放心，因為跟波拿巴越熟就會覺得他越駭人。我有一種不舒服的感覺，好像沒有任何人的感情能夠觸動他。他把一個人視為一項事實或物件，永遠無法跟他平起平坐。他無所恨亦無所愛……其意志的力量來自於自我中心的冷靜算計。他是對弈大師，而對手剛好是整個人類……。憐憫、誘惑、宗教或是情感的束縛，都無法使他從目標上偏移……。我覺得他的靈魂冷如鋼鐵，我覺得在他心裡有一種深層的嘲諷，好像沒有任何偉大、良善的事情，乃至包括他自己的命運，是堅固不移的。因為他輕視他意圖統治的國家，而在他要震驚全人類的慾望裡，卻沒有一絲激情的火光。

的確，波拿巴打從心底憎惡法國人，或更準確地說是巴黎人，也就是這個「政治國家」的核心。根據大革命中不同階段的親身經驗，他認為他們基本上反覆無常。而既然巴黎決定了整個國家的趨勢，法國其他地方就得跟著巴黎的興頭走。他告訴德．斯達爾夫人的朋友：「每三個月一定要做些新的事情，以迷惑法國的想像力——他們是這樣的，誰若靜止不動就毀了。」因此，根據威靈頓的說法（他發誓這個故事是真的），為了將大眾的注意力從他在俄羅斯的災難中轉移，他命令歌劇院那些把腿踢得飛高的舞者，不要再穿燈籠短褲——但這些女孩斷然回絕了。他認為法國人機智狡詐，但是無關緊要，不能將民主託付給他們，甚至不能像英國那樣擁有國會。他每天收到的奉承坐實了這個印象。德．斯達爾講述過一則軼事，有位國務顧問成員、也是波拿巴宮廷裡響噹噹的要人曾經問她：「妳有沒有注意到第一執政那美麗的指甲？」另一位爵爺則宣稱：「波拿巴的手真是完美啊。」然後一個舊貴族的年少子弟就插嘴說：「看在老天爺的份上，別再談政治了吧。」

如果波拿巴憎惡法國人，那麼這個文化種族主義者對帝國的其他地區是如何徹底地鄙視啊。他把這些國王以及統治的公爵趕出他們自己的宮殿，然後睡在他們的皇室大床上。他的徵稅系統蓄意地帶有懲罰性，因為他相信這樣才能削弱他們的力量，而這也是讓財政飽受威脅的帝國免於破產的唯一方法。波拿巴相信他的外國臣民永遠不會起身反抗，因為他就是自己政治宣傳的受害者。由於他聽不進諫言，所以他沒有看清的是，他試圖征服整個歐洲的舉措所激起的，正是那革命法國令人如此懼怕的民族主義，而這如今在整個歐陸蔓延開來了。

CHAPTER FIVE

第五章
歐洲的墳場

✣ ✣ ✣

波拿巴垮台的原因之一，來自英國人不願意接受他的征服，以及為了使征服正當化所締結的全面性和平條約。在特拉法加之役後，他們相信英國能在他的戰局中存活下來，並且說不定還能擊敗他——雖然實際上要怎麼做還不知道。以蒸氣與棉花起家的工業革命正蓬勃地展開，黃金源源流進國內，英國人有自信能負擔龐大的海軍，還能補助任何或所有願意挺身抵抗這個暴君的列強。同時，他們的海軍在帝國所有主要港口外駐防，一天二十四小時、一年三百六十五天，形同讓法國海軍在港灣裡生鏽，並且阻止了任何夾帶英國列為走私品的商人到岸或啟航。

這個封鎖對波拿巴的打擊遠遠超過對其經濟的重要性，雖然那也很可觀。他認為這不公平，甚至在道德上是可恥的。儘管他很不習慣用倫理的措辭來談論作戰，但他仍然覺得使用封鎖這種武器是不允許的。由於不了解海戰，並且低估在廣大連綿的海岸線上維持完全封鎖，對軍力的耗損以及財政的考驗是多麼嚴酷，他竟然認為英國人是很廉價地在行使這個非法的武器。他後來生氣地說道：「你只用兩個小小的木造機器，就癱瘓了整個海岸線，把一個國家弄到像是覆滿了油的身體，無法自然流汗。」

這件事是少數幾回波拿巴在決定戰爭的核心戰略上允許自己的怒氣壓過理智。對於英國海軍予以反擊，並且以全面封鎖英倫商品來癱瘓其商業活動的想法，在督政府與執政府時期都曾被討論過，但一直要到一八〇五、〇六年之間，波拿巴因為在奧地利、俄國以及普魯士都得到了輝煌的勝利而志得意滿，他終於在一八〇六年底下定決心採取行動。一八〇六年十一月二十一日，他在柏林擬定一連串法令，旨在將英國貨品與服務從法國軍隊統治下或影響力所及的地區驅逐出境。這些法令由第一次與第二次「米蘭敕令」(一八〇七年十一至十二月)正式公布,即所謂的「大陸封鎖政策」。

波拿巴常常通過一些法律或是發布聲明,後來都證明無效,從此沒有下文。但是他以不尋常的熱誠來執行大陸封鎖政策,並且花了驚人的時間和精力,試圖讓它運轉起來。結果是白忙一場,還收到反效果。封鎖政策導致大量走私,讓英國坐享其成,因為他們很清楚,要是缺乏嚴格的海上控制,大規模的走私就無法避免——而這次,海權的掌握以及維持對近海的監控都落在走私者的手中。尤有甚者,波拿巴的軍隊和警察在內陸要掌控交通,不僅耗費人力且相當不受歡迎。這情況在法國亦是如此,尤其是因為走私者引進了便宜的英國棉製品,從美洲和東方帶來異國風情的產品,然後再帶走法國葡萄酒、白蘭地和絲綢,走私進英國。但至少在法國,有些人,也許是多數人,都能理解封鎖政策的意義。在法國之外,對於大多數深受法國帝國主義之苦的人來說,這只是設計來促進法國出口,並打擊英國外銷產業而已。一八一〇年波拿巴發布「特里亞農敕令」之後,更坐實了這個印象,敕令中雖准許英國貨品進口,卻課予複雜的關稅,使得這套無恥的歧視系統有利於法國製造商,結果是那些不被法國直接控制的政府,雖然也須遵守政策,卻幾乎是陽奉陰違。這是波拿巴的自尊所無法容忍的事,並導致他踏入兩場災難性的戰爭,首先是與西班牙開戰，接下來是俄羅斯。

波拿巴從未在這兩個剛好位於歐洲兩端的遙遠戰場上打過仗。西班牙王室衰微，一七九六年之後就聽命於法國，不僅出借海軍，還讓法軍大舉借道去攻打英國的盟友葡萄牙，並且支持大陸封鎖政策。波拿巴鄙視西班牙的統治精英、軍隊，以及在這個曾經輝煌而今糜爛怯懦的不幸國度裡所有其他的一切。他也同樣瞧不起俄國，他曾在奧斯特里茨輕易地將俄國打得潰不成軍。由於在西班牙與俄羅斯缺乏經驗，多數時候，波拿巴是被他最強的天賦或直覺，也就是他地理上的想像力給打敗了。一個能以鑽研地圖而擘畫出整個軍事行動、甚至設想到最細微地形的人，在不了解地理的情況下，踏上了不只一次而是兩次的絕望探險。這些當時所繪製的地圖並沒有、或至少沒有向波拿巴傳達出這些行動的危險與嚴重性。波拿巴習慣了歐洲本身的環境——具有生產力的農業、縱橫交錯的貿易路線、良好的路況、繁榮的城市、每數哩就搭橋的河流，以及（整體來說）溫和的氣候。他知道要如何壓榨才能擠出他要的東西——他予取予求，並藉此來提供軍隊的每日補給：他的士兵與馬匹所需的食物、薪俸的財源、各式不同的必需品；而且他也知道要如何快速地打擊權力核心以逼迫敵人投降。

相較來說，西班牙在某些重要的自然範疇——氣候、地形、花草樹木、乾燥度以及土壤成分——並不隸屬歐洲，而是西北非的一部分。同樣地，俄羅斯也屬於北亞和西亞。兩者都有狂野不羈、上無橋樑的河流，糟糕的路況或根本沒有路，僅能糊口的經濟也無法支援缺乏補給的軍隊，而極端的氣候對於沒有紮營的軍隊來說，夏天和冬天都非常險峻。他們亦沒有所謂的權力核心，一旦被佔領之後，其他地區也不會因此臣服在征服者腳下。這兩個國家都是能吞噬軍隊的怪獸。

波拿巴眼中的西班牙是很落後的國家，他相信能在那裡建立一個進步的親法政黨，就像他曾經在義大利與日耳曼所做的一樣。但這招並未奏效。相反地，與法國同盟所造成的挫敗和悲劇，加速了西班牙在拉丁美洲的衰敗，那裡可是西班牙財富的主要來源，這使得與法國同盟引發了激烈的爭論，內戰一觸即發。這些傾軋都有待波拿巴來調解。於是他為一八〇八年三月的公開入侵找到了正當的理由。攻下馬德里對他來說不是難事，但逼迫波旁王朝退位，把查理五世和腓力二世曾經坐過的王位，轉手給本來是那不勒斯國王、突然之間受命要成立西班牙傀儡政權的哥哥約瑟夫，這件事激怒了西班牙的驕傲與尊嚴。到了五月份，全國幾近暴動，從馬德里開始，一路到約瑟夫六月加冕之後更是急速蔓延。一個全國性的軍團，或說是政府，選出了一個國會，而地方上的軍團則在各地流竄。約瑟夫只有在法軍大舉駐防的地方才稱得上是西班牙國王，所以如果要有效征服西班牙，那就需要大量而永久的駐軍了。

波拿巴從沒遭遇過這種情況。據他看來，奧地利就很遵守遊戲規則：一旦在戰場上被打敗、首都被佔領，就開始求和。弗里德蘭戰役之後的普魯士也是一樣，大批駐軍在幾乎無堅不摧、供給無虞的堡壘裡，僅僅只是看到一支法國騎兵隊的身影就乖乖投降了。但是在西班牙，皇帝注入越多的軍隊，抵抗就越堅決。馬德里有三萬大軍歸軍隊統領穆哈指揮，葡萄牙則有朱諾的兩萬五千名士兵鎮守，塔霍河畔另有兩萬，加泰隆尼亞則有一萬五，在卡斯提爾還有三萬儲備兵源——總共是十二萬大軍。西班牙軍隊即使屢戰屢敗，整體情況還是看不到任何改變。很快地法國軍團便缺糧缺補給，一切都得從法國運來，而波拿巴卻拒絕調度物資。於是就開始了那漫長痛苦的過程：強迫儲存糧食的農民擠出食物，吊死、折磨他們，強姦其妻女；接下來無可避免地是孤立的法國軍團一不小心被抓到就遭報復，先是被羞辱然後活活燒死。在法國人底下擔任職位的西班牙人會被暗殺，整個村子都在復仇的火焰中付之一炬。所有最驚悚的戰爭惡行都在西班牙這個劇場上演，對此，哥雅的畫作與版畫給了我們驚人的描繪。[1]

波拿巴在一八〇八年最後的幾個月，親自披掛上陣。他帶了最優秀的將軍，蘇爾特、納伊、樂福佛以及維克多，還有更多的部隊。約瑟夫認為有必要先淨空馬德里。於是波拿巴帶著四萬五千名手下，在十二月初就輕易地再次攻下了。他立刻發布了一連串的法令和改革方案，但好像對著空氣說話一樣。他有一整套的計畫，也打下一些小勝仗，並且讓指揮三萬英國大軍前來協助西班牙軍團的約翰．摩爾爵士[2]在科魯尼亞撤退。到了一八〇九年一月，波拿巴已經來了三個月，並且受夠了西班牙。他宣稱已經解決了問題，然後回到他的帝國處理他更有興趣的事務。

但根本什麼都沒有解決。雖然摩爾被殺了，但他的軍隊仍然完好無損。支配海權的英軍發現，要讓一支缺乏補給的軍隊整裝上船、然後找地方登陸，相對而言是件簡單的事。摩爾的位置後來由亞瑟．威爾斯利爵士接任（就是後來的威靈頓公爵）。他

1 哥雅（Francisco Goya, 1746-1828）是西班牙的第一位宮廷畫家，在拿破崙戰爭期間製作了一系列題為《戰禍》（*Los Desastres de la Guerra*）的八十二幅版畫，另有兩幅描繪西班牙人民起義的油畫《一八〇八年五月二日》（*El 2 de mayo de 1808 en Madrid*）與《一八〇八年五月三日》（*El tres de mayo de 1808*）。

2 摩爾爵士（Sir John Moore ,1761-1809），英國陸軍中將，打過美國獨立戰爭，並參與拿破崙戰爭各大小戰役，最後在科魯尼亞之役遭到砲彈擊中左半邊，傷重不治。

在印度奠定了名聲，也因此被同儕和法國人不屑地稱為「印度將軍」(Sepoy General)。事實上他非常適合這項任務。他打的是一場消耗戰，目的就是要消磨敵人的精力。他強化西班牙的軍隊，而讓自己的士兵養精蓄銳。他會毫不猶豫地放棄城鎮與疆土，退守到預備好的陣線後方，如果這麼做是明智之舉。他是個防禦型的將軍，但是當有利的時機來臨，他也能打一場準備充分的攻擊戰。跟波拿巴不一樣的是，他沒有恢宏的戰略，也沒有打閃電戰的才能。他是一座耐心的紀念碑，光是數著那些小勝仗就心滿意足了。他看出半島戰爭將是一場持久抗戰，而他說對了。這場仗打了六年，是當時拖得最久的一場戰役。

一八〇九年十月，波拿巴又發動八萬名軍隊挺進西班牙，使得總數超過了二十五萬人。他欽點馬塞納為總指揮。從一八〇九年的冬天、整個一八一〇年、一直到一八一一年，馬塞納的戰略依循著波拿巴的方針，就是要將威靈頓的兵力誘進戰場然後殲滅。但是威靈頓聲東擊西、躲閃、撤退，有時還對法軍來個快速的突擊。他的軍隊食糧充足、補給完善，而馬塞納的部下則常常瀕臨餓死。波拿巴犯的根本錯誤是年輕軍校生在訓練學校裡就被教導應該要避免的：「決不增援敗軍。」佔領西班牙就是一場敗仗。要不是以完全不同的概念來取代，要不就是放棄。相反地，波拿巴卻繼續派兵增援，有大有小，但無論規模大小都無法造成戲劇性的改變。西班牙對他來說，宛如越南之於美國，或是阿富汗之於蘇聯。漸漸地，威靈頓的軍隊越來越大、訓練越來越精良，他的西班牙部隊也益發可靠，尤其是在英軍補強其側翼之後。因此，波拿巴那股令人恐懼的氛圍就消散了。威靈頓開始往前挺進並傳出捷報，先是一些小的、後來也贏得大的戰役。波拿巴怪罪自己的元帥。事實上所有的元帥都在西班牙試過身手，全都失敗了。儘管波拿巴有所非難，但他也沒有提出新的大計畫，他自己再也沒有踏上西班牙的領土。

無法在西班牙快速贏得勝利或取得決定性的戰役，是波拿巴向俄羅斯宣戰的原因之一。這充分說明了他仍然是自信滿滿，也或許是他相信在他的宿命裡，一旦在歐洲不友善的一端失敗了，就是他在另一端冒險地挑起第二戰線的時機，雖然另一方對於他的做法更難接納。其中一個原因是自尊心。對波拿巴來說，沙皇亞歷山大是個未竟的事業。他在提爾西特已經與對方達成協議，並稱其為「朋友」，他從來不曾這樣稱呼過奧地利皇帝或是普魯士國王。但是他們的關係對於波拿巴的脾性來說，也太近乎平等了些。他會比較希望殲滅亞歷山大的軍隊、奪去他的皇冠，讓他謙卑地到他面前乞求和談，就像其他正統君王所做的一樣。尤有甚者，雖然一八〇八年沙皇在埃爾富特與法國確認了同盟關係，但是當波拿巴明顯暗示欲娶沙皇之妹為妻時，沙皇又置若罔聞，等於是侮辱、貶低了波拿巴，這讓波拿巴好生怨恨。顯然沙皇並不認為波拿巴適合成為家族的一員。他所擁有的一切勝利與王國，在羅曼諾夫皇室的眼中仍然不是法統。皇帝萬不得已只得迎娶瑪麗．露意莎。這樣的結果非常好，波拿巴一直都了然於心，但他還是覺得很受傷。地獄的憤怒烈焰比不上一個求愛遭拒的皇帝心中的怒火。另一方面，波拿巴於一八〇七年從普魯士所統治的波蘭創造出華沙大公國，也是法俄關係緊張的重要來源。華沙大公國名義上是由薩克森國王——波拿巴的傀儡之一——所統治，但實際上是由法國軍人和波蘭官員所掌控。波拿巴一直以復興一個更大的波蘭王國為願景來引誘波蘭人，而這個可能由傑霍姆出任王位的王國涵蓋了許多俄羅斯領土。這激怒了俄國人。地緣政治的實情是，你沒辦法同時和波蘭人以及俄國人做朋友。

然而，最大的爭端來自大陸封鎖政策。雖然沙皇誓言遵行，但他可能也力有未逮。不論如何，這亦違背了俄羅斯的經濟利益。波羅的海的貿易對她至關緊要（某個程度而言，任何事對俄羅斯的經濟都攸關生死），而法國那不情願的同盟國丹麥，與挪威、瑞典以及英國的爭執，已經嚴重攪亂了波羅的海的貿易關係——與法國的同盟最後導致丹麥破產，而且無法償還債務。到了一八一一年，波羅的海經濟的敗壞愈益顯著，沙皇對波拿巴說他沒有執行封鎖政策的抱怨，也只能充耳不聞。

因此，一八一二年年初波拿巴已經著手備戰。他缺乏精細的俄羅斯地圖，但他也不是完全不知道他所要冒的風險。當穆哈和四支法國部隊在一八〇六年晚秋進駐波蘭時，他們遭受嚴重的損失，並不是因為軍事行動，而是在橫跨東歐平原那些貧瘠、有時甚至是無路可走的荒原時，部隊生了病而且缺乏營養。但是對於波拿巴來說，最近一次的大勝仗已經是一八〇九年夏天的瓦格蘭之役了，他亟需一件豐功偉業來向法國大眾保證他還是個超人，以補償西班牙那場昂貴的膠著戰，並重建他在歐洲下滑的聲望。

波拿巴期望這場將俄羅斯納入大陸封鎖系統的征戰，不只是一場法國的戰役，更是歐洲的戰事。他說服了自己，也或許他真的相信，他的改革與法典已造福了盟國及附屬國，所以這個帝國不應只是由法軍來捍衛與擴張，更應該由歐陸軍隊來執行。所以從一八一二年一月開始，他就從日耳曼、義大利、波蘭、匈牙利、奧地利、巴伐利亞、尼德蘭和瑞士，徵召了一支史上知名的歐洲軍隊。當亞歷山大表明，如果波拿巴不割讓一部分的華沙大公國，他就拒絕徹底執行大陸封鎖政策時，波拿巴對他的使節勃然大怒：「難道你的主子不知道我擁有八十萬大軍嗎？」他其實沒有那麼多，但是他招集了六十五萬，幾乎所有的軍隊指揮官、主要的參謀人員、還有三分之一的人馬，都是法國人。

到了六月第四個星期，在一陣鋪天蓋地的造勢活動前導下，這支碩大的軍隊已準備好要橫渡涅瓦河，進入俄羅斯領土。波拿巴原來以為這個數量能唬人。但這數量唬不了俄羅斯人——他們擁有的一切都太多了：無數的人（他們稱之為生靈）、村莊、河流、公里數、高低溫、面積、森林的縱深與密度、沼澤、平原和荒野。俄羅斯的數字遊戲總是玩得非常極端。實際上，在俄羅斯戰場上列陣展開的波拿巴大軍，其大小正是弱點。它散開有五十到一百公里的長度，容易遭受攻擊。在日耳曼的戰役中，波拿巴在行軍時打造了一種布陣的形式，軍隊在其中形成移動的正方形以作為攻擊或防禦之用，稱之為「兵團協同方陣」[3]。但在俄羅斯就行不通了。軍隊移動起來像個緩慢的箭頭，要花八天才能抵達預定目標。連支援補給都拉長超過十公里，包括了三萬五千輛錙重車、儲備馬匹、待宰牲口、軍官馬車、救護隊、營隊隨從，以及要將劫掠的財物回運的交通工具。另外還有九百五十座槍砲以及長達五公里的軍火車。波拿巴的宣傳機器吹噓說，補給列隊包含了超過三千萬公升的葡萄酒和白蘭地。這件事的真假是個謎：這些酒倒是很快就消失了。

波拿巴從來沒有指揮過這樣龐大而不靈活的軍隊。理論上這是其運算技術的奇蹟，但落實到地面上，它看起來過大又渙散。這位皇帝的計畫是要在俄國兩支軍隊之間快速地移動，如果可以的話打敗其中一支或是兩支都打敗，然後挺進莫斯科。依他估量，戰場上的挫敗會把沙皇帶到談判桌前，而如果這個計畫失敗，失去古老的首都莫斯科，也會讓他除了尋求有條件的投降之外，別無他法。但是從開始到結束，沙皇都做壁上觀，任由他的兩支軍隊到處瞎闖。在波拿巴的想像中，此番入侵是南方試圖征服北方，因為相對於歐洲北部的廣大平原，他自身認同的是南方的地中海，而他那不足的歷史知識又告訴他，北方總是征服南方，這令他不舒服。但這個印象有問題；其實是西方侵略東方。俄羅斯的大平原在夏季像烤箱一樣熱，而且幾乎無水。所以大軍第一個出其不意的敵人是熱，伴隨著飢渴、惡水，以及因此引發的疾病。到了夏末，軍隊的實際戰力已減半，並且開始了屠馬這項致命的政策。這趟行軍成了步履艱難的

3「兵團協同方陣」(bataillon carré)，也有譯成「戰鬥方陣」，是由輕騎兵先行鎖定敵軍位置，然後迅速回報，一旦皇帝在地圖上確認位置，便下令左右側翼的指揮官進攻距離最近的敵軍。鎮守後方的兵力由重騎兵與禁衛隊組成，左右側翼則各由兩支部隊組成。所有部隊以相互支援的距離前進，從而構成一個方陣。

跋涉。大量的補給被丟在食物的中繼站。但是就像在西班牙一樣，既無法利誘、也不能威脅農夫，讓他們為前進的軍隊補給口糧，酷刑也沒有用。他們放火燒自己的農作物，如果可能的話，也抓一些大軍的脫隊者一併燒烤。

要一直到九月的第一個週末，也就是將近十二週的行軍之後，波拿巴才能夠打一場他計畫中的大仗。俄國的指揮官庫圖佐夫擁有逾七萬名步兵、約兩萬五千名騎兵與哥薩克騎兵，外加非正規部隊，還有六百門火砲。他在博羅金諾村挑撿了一個極其堅固的地點，此地位於通往莫斯科的路上，但仍在首都西南方八十英里之外。波拿巴帶著十六萬士兵、超過五百五十門火砲，從斯摩稜斯克出發進攻，但抵達戰鬥位置時陣容已經小多了。戰爭在九月五日開打，那時還是夏日。波拿巴明白他的元帥們害怕冬天的到來，於是跟他們說：「諸位先生，這裡就是奧斯特里茨之地了。」他和他們都還記得在那場偉大的戰役中，陽光如何從冬季的迷霧裡灑下，而他如何打敗了強大的俄軍。但當時那些俄國人距離家鄉有一千英里遠，在一個奇怪而陌生的地方，為了一個完全謎樣的目標而戰。而現在，他們是在捍衛家園。主要的行動在九月七日展開，從早上六點一直持續到傍晚六點。翌日清晨，俄軍軍容整齊地撤退了。技術上看來這是波拿巴的勝利，但是雙方的傷亡都極其慘烈：俄軍損失四萬，法軍則可能高達五萬。不像俄國人，波拿巴無法輕易補充耗損，尤其是槍砲的巨量消耗，幾乎是一整天對準俄國防禦據點轟個不停。

這場代價高昂的交戰之後，莫斯科之路洞開，俄國人開始淨空莫斯科。波拿巴於九月十四日進攻，隔日莫斯科市長羅斯塔普欽[4]就下令，所有屋舍（大部分是木造）都要燒毀。全城約四分之三都毀於一旦，只剩下克里姆林宮讓法軍洗劫。俄國人留下了許多烈酒，卻沒有什麼糧食，所以在一陣慘不忍睹的痛飲與掠奪場景中，更多珍貴的馬匹被宰殺烤來吃。波拿巴既厭惡又更緊張，只等著沙皇來談判求和。但沙皇再次按兵不動。波拿巴捎了一份私人信函，兩位法國代表也帶去和談的條件，但都同樣遭到冷落或加以回絕。十月中旬，波拿巴了解到大雪正在逼近，而要在整個冬天保持莫斯科聯外道路暢通是絕無可能的事。他發覺除了後退到斯摩稜斯克或更遠的地方之外，別無他法。

波拿巴在十月十九日將大隊人馬撤離莫斯科，但彼時他只剩九萬五千名有效兵

4 羅斯塔普欽（Fyodor Rostopchin, 1763-1826），沙皇保羅一世信任的外交大臣，因反對俄法同盟而失寵，在俄法關係惡化之後又重新得寵。拿破崙入侵俄羅斯時銜命擔任莫斯科市長，在體認到博羅金諾之役之後莫斯科的陷落無法避免，遂下令全城撤離並執行燒毀計畫。

員，大多數的馬匹都死了。俄軍挾帶著逐漸增強的兵力開始反擊，並在十一月三日摧毀了路易－尼可拉・達武指揮的後衛兵團。勢力大衰的波拿巴在十一月九日抵達斯摩稜斯克，發現補給站裡的食物已經都被飢餓的三萬名脫隊士兵吃掉了。三天後他離開時，麾下只有四萬出頭的部隊。雪開始下了，撤退轉為潰逃，幾乎所有掠奪來的財物都得拋下，現在軍隊得橫渡幾條連僅有的橋都已被摧毀的大河。波拿巴在十一月二十九日總算帶領軍隊渡過了別列津那河，過程中又折損兩萬人。幾天後，他受夠了。十二月五日，他告訴手下的指揮官們，他得盡快趕回巴黎以確保政權。他們平靜地接受了他的決定。穆哈留下來接掌兵符。

儘管以波拿巴的標準看來，莫斯科的撤退既驚悚又丟臉——兩萬以上的傷兵被棄置不顧，俄羅斯擄獲的戰俘超過二十萬人，幾乎沒有人能重見故鄉——但這場撤退也不完全是屠殺。俄國農夫確實卯足全力報復。俄國軍隊本身卻狀態不佳，沒辦法打這場沒把握的仗，整體來說，他們是把任務交給寒冬來完成。大軍的後翼在十二月十四日從涅曼河撤退時井然有序，指揮官納伊很盡責地確保他是最後一個離開俄國土地的人（他和波拿巴的繼子博阿赫內，是唯二在這場災難後聲望不降反升的資深將官）。兩天後，皇帝那聲名狼藉的第二十九份戰事公報，出現在巴黎的官方《總匯通報》上。

公報把問題都怪罪給那「出人意外、提早來臨」的冬天，但也承認「殘忍的災難」壓倒了法國大軍。

在此同時，波拿巴與隨從搭乘三輛由馬拉曳的雪橇，幸運地躲過了游擊隊的偵查。他與皇家總管路易．科蘭古[5]同乘，此人深受信賴，曾主導昂基安公爵的謀殺案。其他兩輛則載著他的翻譯官、馬木魯克保鑣魯斯塔姆，還有五個僕役與副官。他們的雪橇連續奔馳五天，在零下二十五度的低溫中幾乎凍死。波拿巴保暖的方式是，一面穿著科蘭古的毛皮大衣，一面不斷地說話、練習著他的遁辭。他所有的冗長演說都以詛咒英國人總結：「要不是因為他們，我早就是位和平之士了。」當他到了華沙接見被這場敗仗嚇壞的波蘭要人時，他已經準備好了藉口：「從輝煌到荒謬，只有一步之遙。」（其實是伏爾泰說了這句名言。）在三小時的談話中，他把這句話重覆了好幾遍。他的聲音被這些逢迎的顯貴以一種順服的沉默接受，這令他感到安心。他先是乘著雪車，改搭雙馬四輪馬車之後再換乘四輪馬車，一路趕到日耳曼。一行人壓斷了一部車的輪軸之後又換搭另一輛，二十四小時裡只停了一個鐘頭。他們在一個日耳曼小鎮短

5 路易．科蘭古（Louis Caulaincourt, 1773-1827），貴族出身的法國軍人、拿破崙的侍從官、駐俄大使。在昂基安公爵事件中，負責前往日耳曼傳遞逮捕公爵的命令，公爵押解回巴黎後，被處以叛國罪遭到槍決。

暫停留，波拿巴向郵政局長詢問地名，當被告知是「波昂」時，他喊道：「向歌德先生轉達我的敬意。」然後又喋喋不休說個沒完。整整十三天的行程之後，他們終於在十二月十八日午夜前，抵達巴黎的杜勒麗皇宮。

隔天波拿巴就坐回他的辦公桌前，連續工作十五個小時，向整個帝國發布斬釘截鐵的文書。但種種跡象皆充滿不祥的徵兆。十二月二十五日，普魯士撤出法國同盟。很快地，普魯士部隊便與俄國軍方建立友好關係。有一個軍團還聯合起來要求法軍退出日耳曼。一八一三年三月，普魯士向波拿巴宣戰。下一個背叛的盟友是教皇，公開棄絕了與法國的協定。西班牙傳來的消息更是每況愈下。威靈頓現在擁有一支經驗豐富、陣勢懾人的軍隊，西班牙軍隊都由他差遣，兩者聯合起來——再加上游擊隊——威脅著要把法國趕出西班牙，然後入侵法國本土。法國在義大利的地位也開始動搖，而波拿巴並不信任穆哈（現在已回到那不勒斯），認為他為了保住王國會選邊站，他還真猜對了。從波拿巴的角度看來，最糟的莫過於他的岳父，也就是法蘭茲皇帝，行止詭譎可疑。他說他站在法國盟友這邊，但是卻積極地整軍經武。其居心何在？他宣稱這是為了能讓他有效調停普魯士與法國。但他拒絕直接與波拿巴溝通，說所有的事情都必須經過他的外交部長梅特涅。這位高大金髮的奧地利花花公子（與波拿巴的妹妹卡洛琳有過一腿），既反法又與塔列朗一樣相信歐洲應保持權力均衡。當法蘭茲說「去跟梅特涅談」，實際上就等於是勸告他「當你還能得到合理的條件時，求和吧。」

當波拿巴一回到工作崗位，俄羅斯大雪的回憶迅速淡去，樂觀主義又湧現回來了。他返回巴黎的第二天就開始組織新的軍隊，徵召新的兵員、從僅存的帝國各地召回重要的人員與單位。一八一三年四月在萊比錫，他再次跨上馬背「統領軍隊」（他最喜愛的詞）。他看來又胖又老、大腹便便，但深具信心，帶著絕佳的自信發布命令。法國人之間開始流行說：「他看起來狀況不是很好嗎！」在呂岑，他親自率領青年禁衛隊向普魯士的指揮將軍布呂歇爾[6]猛烈地還擊。他把普魯士軍隊打回易北河，並在波岑再次擊退他們，令其撤退至歐得河後方。然後他回頭找梅特涅，雙方於六月二十六日在德勒斯登的皇宮碰面，這是法國附屬國薩克森的首都。這場會晤持續了九個小時，而且不是拿破崙所享受的那種。他不只要講也得傾聽。被勝利沖昏了頭的他發現

6 布呂歇爾（Gebhard Leberecht von Blücher, 1742-1819），普魯士王國陸軍元帥，最為人所知的戰功包括，一八一三年萊比錫之役與拿破崙對抗，以及一八一五年滑鐵盧之役與威靈頓公爵聯手擊敗拿破崙。因為在戰場上採取積極進攻的策略，被部下暱稱為「前進元帥」。

梅特涅既多疑又執拗。他被告知如果要奧地利保持中立的話，他不只要棄守伊利里亞（這他已有心理準備），還要放棄倫巴第和其他許多地方。為了與普魯士達成和平協議，法國還得撤退到萊茵河後方，諸如此類。波拿巴大怒，憤而將帽子扔向房間角落。這樣的條件等於是要瓦解帝國，放棄他畢生的心血。事實上在六個月之後，波拿巴應該會欣然接受梅特涅當時所提出的協議。但在那個時點之前，還要葬送許多生命。被皇帝缺乏現實體認所震驚的梅特涅問他是不是真心想要和平——難道人們的生命對他都無所謂嗎？波拿巴告訴他，與其接受如此屈辱的條件，他還寧願犧牲一百萬人。梅特涅回答：「閣下，你是個迷失的人。」會談就此結束。

梅特涅所領會到、而波拿巴還未理解的是，德語世界正在經歷的歷史轉變，已經改變了整個歐洲的戰略格局。為了要給區域擴張披上改革的外衣，波拿巴粉碎了古老的神聖羅馬帝國，而以法國主導的卡洛林王朝取代。其結果堪稱卡爾·波普所謂「意外的後果」法則[7]的經典範例。對於波拿巴來說，摧毀神聖羅馬帝國不會比結束威尼斯的寡頭政治或取代馬爾他騎士團來得嚴重，那只是把一個中世紀的遺物丟到歷史的垃圾桶裡。事實上，神聖羅馬帝國自有其角色。在日耳曼的政治與軍事難以達成統一時，它是強調文化一統的機制。普魯士是日耳曼最大的強權，但由於奧地利繼承了日耳曼民族的皇位，因此能與普魯士抗衡，也自然是日耳曼其他小國的保護者。如此一來，既保持平衡又兼具多元性。較有責任感的日耳曼思想家都希望能維持現狀，他們主張，普魯士與奧地利之間的平衡關係，以及日耳曼其他文化核心的存在，在音樂、繪畫、教育、哲學、神學以及文學上，對於歐洲都裨益良多。日耳曼帶給歐洲的禮物是文化，而不是權力。如果從另一個面向看，日耳曼統一了，它將比鄰國都更加強大，並且無可避免地會試圖統一歐洲。然而這些思想家的主張終究被掃到一邊去，日耳曼統一的後果就變成十九世紀末、二十世紀初所上演的情節了。

波拿巴在此過程扮演了引爆者的角色。普魯士軍隊在奧斯特里茨和耶拿戰役後順從地投降，使他對日耳曼人的態度充滿輕蔑。他安排法國駐軍、建立傀儡政權，高興的時候就去佔住他們的皇宮，讓國王、選帝侯、大公們在他面前像僕役一樣行進。他徵召他們的軍隊，好為自己的軍事布局提供可拋式的人力。他的文宣人員在日耳曼的大學裡發揮他們的影響力，將法國文化那種羅馬式鍍金的、古典化品味，推廣成藝術表現中唯一可以被接受的形式。他的傀儡政權則把古高盧的審查制度強加在媒體與書

7 這項法則來自波普對歷史決定論的批判。例如馬克思主義者所提出的計畫通常意謂著社會必須進行根本的改變，但由於社會互動是如此複雜，以致這些有意的改革經常導致意外的後果。

籍出版之上。

政治上與軍事上的反應雖來得慢，但在俄國的慘敗消息曝光之後，日耳曼人的反應便勢不可擋，同時伴隨著那種根深柢固、強烈陽剛的文化反動。日耳曼思想與文學在十八世紀末的爆發是一項在歐洲歷史上具有決定性的事件。柯爾律治是第一個發現其重要性、並且把這個好消息帶給英國的人。他認為強加外來的法國文化，使得日耳曼人的創造力內縮，並帶來災難性的後果。這就是他為何如此憎惡波拿巴的原因，並將他視為創造精神的敵人。斯達爾夫人也對新的日耳曼現象做了一番檢視，對其豐富與深度大為讚服。她還專門為此寫了一本精采的書，但波拿巴不允許在法國出版。書終究還是印行了並且廣為流傳，因此也將這個好消息傳到了巴黎。

年輕時的波拿巴被視為浪漫派人物，但那只是對一位做了大事的瘦削年輕人的膚淺判斷。成熟後的波拿巴結實粗壯又傲慢，帶著他那對所有事物都有一套過度吹噓的解釋方式，以及他對於羅馬品味與帝國風格的偏執喜好，隨著法國士兵的刺刀傳銷到各地。但越來越多的知識分子認為他已經過時，是來日不多又陳舊的古典主義的遺物，也是為其暴政所激起的、正在萌芽的浪漫主義最難纏的對手。這也就是為什麼一位天才少年——維克多·雨果會厭惡他。讓這位少年著迷的新精神來自北方，這也是為什麼它會先在英格蘭與日耳曼生根。它是中古世紀的、哥德式的，與理性相對的、同時是基督教也是異教的，它根源於民謠與傳說、靈性與超自然，存在於盎格魯人與薩克遜人的律法中（而非拿破崙法典），在那黑暗、無法穿透的森林裡與狼和熊為伍，而不是來自艷陽高照的南方。

浸淫在此等精神中的日耳曼知識分子、作家與藝術家，是第一批轉而對抗波拿巴的人。一八〇五年到一五年之間值得注意的是，規模僅次於巴黎的羅馬日耳曼僑民圈變得極端仇法。日耳曼畫家採用了一種反拿破崙的肖像畫法。波拿巴花了整整十年、投入了數百萬，就是要建立自己的肖像風格。舉例來說，為了要抹去雅法大屠殺的印象，波拿巴在法國藝術界舉辦了一場比賽，主旨是要以英雄式的氛圍來描摹他。結果是格羅一幅饒富興味的畫作《雅法的瘟疫》，展現了這位年輕將軍無畏於傳染病的威脅，撫慰他患病的士兵與人民。這幅畫獲得了巨大的成功，成為那個朝代最持久的肖像之一。

如今日耳曼人完全反其道而行，對大眾意識投射哥德式的、反古典的、也反波拿巴的意象。哥德風格的畫家中最激進的要屬卡斯柏．大衛．佛德列希[8]，他仇恨波拿

8 卡斯柏．大衛．佛德列希（Caspar David Friedrich, 1774-1840），十九世紀日耳曼浪漫主義風景畫家。一九二〇年代，他的畫作被表現主義者重新發掘，後來的超現實主義者和存在主義者經常從他的畫中汲取靈感。

巴，而他畫的充滿象徵性的、從大雪或迷霧中升起的十字架，表現出不同於高盧理性主義的日耳曼的神秘與基督教的覺醒。日耳曼的浪漫主義畫家不僅加入獵兵（Jäger）的隊伍，也描繪獵兵。獵兵是森林突擊隊的分支，他們被徵召來攻擊法國的軍隊，就如同有組織的游擊隊。他們穿著綠色的制服，其中一位是佛德列希·馮·布林肯上校，他在這場衝突期間喪生。在佛德列希最著名的畫作，也就是他的「背影畫」《霧海上的旅人》中，布林肯就是身著綠制服。這幅畫是為了紀念他，表現他克服了波拿巴的壓迫中那股令人窒息的瘴癘之氣。

至此，我們來到了歷史學的一個重要轉折點。波拿巴的傳記學者常常將他的失敗歸因於年紀大了、失去專注力、健康惡化、體重增加、疲倦及其心理機能的逐漸下降。這其中有幾分真實性。然而，法國軍隊處於一種緩慢卻不可逆的衰退，卻也是事實。許多有經驗的年輕士官兵，本來應該要訓練新進人員的，卻在俄羅斯喪生了。超過二十萬的良駒也被留在那裡，而牠們也是不可取代的。從這時開始，波拿巴就總是抱怨他沒有足夠的騎兵，或是他們素質不良。

這些都是波拿巴衰微的物質條件，但是還有智識上的、文化上的、精神上的形而上因素。他曾經是一個「他的時代即將來臨」的人。在一七九〇年代下半，波拿巴具體地代表了全歐洲對於舊世襲君主、對他們的無效率、特權、蒙昧以及資源濫用的抗議，更重要的是，他代表了所有的青年才幹。因此他飛黃騰達，所向披靡。然而到了一八一三年，他就過時了。他的時代已然過去。他的同胞也是批評家夏多布里昂，撰寫了《基督教真諦》一書，體現了新的浪漫主義。這本書對法國以及歐洲輿論影響巨大，也抓住了時代的新精神。一場宗教的復興正在醞釀中，而那是波拿巴這個世俗的人，如果可以這樣說的話，所不能理解也不希望發生的。在一八一三年不管你走到哪，整個時代精神都在反抗法國皇帝——從華特·史考特爵士在歐陸廣為傳誦的小說與詩，對波拿巴背叛其理想而憤怒不已的貝多芬晚期所創作的交響曲，乃至哥雅讓所有被波拿巴軍隊壓迫過的人都感同身受的版畫。他不明白一切都已改變了。他繼續以一種喋喋不休的方式，雜亂而含糊地說著其改善人類處境的計畫。但他已是個過氣的人了，歷史洪流終將把他與威尼斯的執政官、馬爾他的大團長以及神聖羅馬帝國的皇帝，一起丟在歷史那悶燒的垃圾堆上。

同時，「意外的後果」法則持續作用著。與日耳曼的戰爭，以波拿巴四月的兩場勝仗拉開序幕，接著延續了六個月，中間點綴以數度停火與一次休兵。波拿巴在日耳曼及鄰近區域逐漸建立起數目上的力量，主力軍隊達到四十五萬人，還有二十二萬人待命，但是他永遠短少騎兵的事實，讓他無法利用戰術上的優勢來將對手擊潰。而且大多數的步兵又訓練不足，無法勝任複雜的野戰機動部署。相較來說，普魯士軍隊在極端反波拿巴的陸軍中將格哈德・沙恩霍斯特[9]的煽動之下經歷了徹底的改造，受惠良多。波拿巴在呂岑殺了這位優秀的組織者，但是同樣強而有力的奧古斯特・格奈森瑙[10]很快地接替其位子。他以參謀長的身分協助布呂歇爾元帥成為十分成功的戰鬥指揮官，並將普魯士軍隊轉化成「歐洲最令人生畏的軍事機器」——此一頭銜時斷時續，一直到一九四五年。

我們的確可以說，一八一三年是歐洲軍事最高權威的分水嶺，法國從一六四〇年代以降所擁有的優越性，已經開始轉移到日耳曼。事後看來，很明顯地在四月與五月的兩次勝仗之後，波拿巴就應該立即談和。他或許還能得到比梅特涅所提供的更佳條件。然而在當年所成立的第六次反法同盟中，他遭遇了前所未有的、更加難纏的兵力部署。他之前總是說，如果把英國擱置不談，他可以隨時打敗三強中的兩國（普魯士、俄國以及奧地利）。但是如果要面對三強，那結果就很難說。如今，奧地利在八月對他宣戰，他不僅要面對三大強權，還要再加上瑞典，他的前盟友巴伐利亞則換邊站，而他最恭順的傀儡王國薩克森，更已為敵軍所佔領。尤有甚者，他現在實際上對抗的是一個統一的德意志，在一陣狂烈的民族主義掃過後，使得沙恩霍斯特、格奈澤諾兩人的改革收到更大的效益，甚至啟發了奧地利人，讓他們發奮圖強地衝鋒殺敵。在數量上，波拿巴有時似乎較具優勢。但是在質量上，敵人則佔了上風。正如威靈頓日後的觀察，波拿巴缺乏打一場防衛戰的性格，更別提打一連串防禦戰役了。如果能如此，他也許就能與第六次反法同盟在精疲力盡下打成和局，而不會讓同盟的任何一個士兵踏上法國本土。然而他仍決意跟隨自己的直覺，將戰爭打成一場大會戰，忽略了他自身的損失無法被彌補，而盟軍數量卻隨時在增強的事實。

最後定勝負的是萊比錫之役，一八一三年十月十六到十九日，打了超過三天。參與的人數比一七九二年到一八一五年整個時期的任何對陣會戰都還要多（博羅金諾之役是第二高）。波拿巴在萊比錫附近有十八萬兵員，還有兩萬多人待命。而奧地利、

9 格哈德．沙恩霍斯特（Gerhard von Scharnhorst, 1755-1813），普魯士陸軍中將。曾任教於柏林戰爭學院（《戰爭論》的作者克勞塞維茲是他的學生），致力於改革普魯士的軍事制度，包括實施義務徵兵，並與格奈森瑙共同創立陸軍參謀總部。

10 奧古斯特．格奈森瑙（Augustus Wilhelm von Gneisenau, 1760-1831），普魯士陸軍元帥，與沙恩霍斯特共同創立陸軍參謀總部，致力於軍事改革，也是第六次反法同盟的重要人物。

普魯士、俄羅斯、瑞典以及其他人在當地則有三十五萬士兵，並有更多趕赴途中。此戰被稱為「民族的戰役」，這個晦暗的詞語象徵了波拿巴對歐洲幹的好事，他促成一種新形態的戰爭，不只牽扯到專業的軍隊，更是把整個民族都拖下水——所謂的全面戰爭。超過一半的與役者都是徵召來的民兵。這場消耗戰沒有目眩神迷的戰略，也沒有戰術上的驚奇，此城方圓百里內皆成了殺戮戰場，死傷總人數接近十萬人。波拿巴被迫撤兵，撇下了三萬戰俘，再加上五千個在戰局正酣的時候投奔敵營的逃兵。他也留下了十萬名散布日耳曼地區的法國駐軍，全都被迫無條件投降。

至此帝國崩解成一片軍事廢墟，而波拿巴則首次必須要在法國本土作戰。到了那時，法國輿論才堅決地反抗他。法國人一直為波拿巴的征服功績喝采，儘管他對他們強徵財稅以支付帝國的開銷，還要補給人員以供軍隊需求。但那樣的日子已經過去了，任何持續的戰鬥法國都要自己承擔完全的代價，不管是人員或是金錢。在一八一二與一八一三年間，若把傷亡、被俘以及失蹤的人數加總起來，波拿巴損失了大約一百萬人，其中半數是法國人。一切都是徒勞，因為日耳曼與俄國現在已經跨過邊界，湧入法國境內，通常是在哥薩克騎兵團的帶頭之下，所有官兵都在姦淫擄掠，就像法國人曾在他們的故鄉所做的一樣。現在法國人面臨戰爭的恐怖——就像日耳曼人、義大利人、俄羅斯人、西班牙人以及其他國家的人民所曾經面對的那樣——而法國人一點也不喜歡眼下看到的一切，於是他們畏縮了。威靈頓現在已經打出了西班牙、繞過了庇里牛斯山、深入法國。他的對手蘇爾特多少已經放棄了掙扎，波爾多不戰而降。法國人和他們在瑞士的傀儡對於奧地利的進攻完全不抵抗。英軍和他們的盟軍攻佔了荷蘭，繼續向比利時挺進。法國則完全失去了日耳曼。主要的邊疆要塞不是遭圍困、就是被棄守。保皇黨開始在法國各地現身，塔列朗以及和他想法一致的人則積極部署，以盡可能爭取最佳的和談條件。

從一八一三年十月萊比錫之役到一八一四年四月退位的這段時間裡，波拿巴的行為很沒有道理。他先拒絕了盟軍提議的、回到一七九九年的疆界，接著又拒絕回到一七九二年的舊疆界，這兩個提議皆能讓他有機會以統治者的身分存活下來。然後在一月份，他又重新領軍。這支軍隊連讓他在一場戰役中打敗盟軍的機會都微乎其微，但卻是他唯一能解救自己的方法了。軍隊人數最多時也沒超過七萬人，而往巴黎會合的盟軍則超過五十萬，必要的話還能持續增援。在之前的戰爭中，波拿巴成功地玩著數字遊戲，並不斷提高賭注。現在情勢轉而對他不利，敵方展開復仇行動。他所能做的就是以迷你規模來執行他的老戰略——閃電攻擊盟軍的孤立單位。他運用了相當的技巧，而這些在一八一四年冬天以及早春所採取的軍事行動，常被作為如何有效使用弱勢兵力的典範。二月九日至十四日的所謂「六日戰爭」，導致普魯士二萬人的傷亡，接下來更是打了幾場小勝仗。但在戰局的重要性上，大概與一九四四年底納粹在阿登高地的勝利[11]差不多。這些小勝仗只是讓布呂歇爾以及其他指揮官更加謹慎而已，並且使他們得以穩定地鞏固兵力、佔領法國領土。波拿巴在三月十三日贏得最後一場勝利，打贏了普魯士一個孤立的師。兩星期之後，他放棄這場無望的戰爭而折返巴黎。如今他的指揮官都已投降變節，到了月底，首都已經保不住了。皇后瑪麗・露意莎、她的兒子也就是羅馬王，還有名義上掌管帝國政府的約瑟夫，倉促離去。大約十五萬盟軍將士進入首都，而塔列朗便以帝國副總管的身分，正式宣布帝國瓦解，以為皇室復辟鋪路。波拿巴最後在楓丹白露宮試圖成軍，但是剩下來的元帥都拒絕跟隨他。四月六日他正式放棄法國與義大利的王位。盟軍提供他厄爾巴小島上的王國，他也接受了。四月二十八日他在英國戰艦的護送下航向此島，豐功偉業就在悲傷與混亂中畫下句點。許多人如拜倫，都認為波拿巴應該要戰到最後一刻。他已將法國的民族主義提升到聳立的高度，但是在過程中，他也激發了其他民族主義者的力量，他們聯合起來戰勝他、以及他的國家。這個魔法師的學徒原本應該帶著他失敗的魔法下台，但波拿巴仍然迷戀於幻覺，對戰鬥的胃口也未稍減。於是，一聲長長的垂死嘆息，正在前方等著他和他的崇拜者。

11 阿登戰役（Battle of Ardennes），又稱突出部之役（Battle of the Bulge）。阿登地區位於比利時與盧森堡交界，是森林覆蓋的丘陵地形。由於交通不便，裝甲難行，在二戰期間無人防守，讓德軍兩次藉由此地進攻法國北部與比利時南部。阿登戰役發生在一九四四年十二月，希特勒想要藉由攻佔安特衛普，逼迫盟軍談判。此役造成美軍一萬九千人陣亡，是美軍在二戰期間最血腥的一役。

CHAPTER SIX

第六章 厄爾巴與滑鐵盧

✣ ✣ ✣

在英國皇家海軍巡防艦無畏號的護送下，波拿巴於一八一四年五月四日抵達厄爾巴。他要求其子羅馬王在他退位後繼承帝位，但盟軍拒絕了，取而代之的是路易十八，也就是被斬首的法王路易十六之弟，波旁王朝復辟，他抵達巴黎之時波拿巴也登上了厄爾巴島。居中斡旋的是塔列朗，他與梅特涅、俄國大使卡爾・羅伯・涅梭羅[1]，以及三位君王交情匪

1 卡爾・羅伯・涅梭羅（Karl Robert Nesselrode, 1780-1862），德裔俄羅斯外交家，曾擔任沙皇保羅一世的海軍副官，後出任亞歷山大一世的

淺；尤其是沙皇，當他到巴黎時會選擇下榻在塔列朗家。波拿巴將塔列朗的行為視作通敵叛國，但這位老狐狸儘可以回答說，他將法國的利益置於任何其他的忠誠之上，而不像波拿巴，是將法國的利益與自己的連結在一起。塔列朗的老奸巨猾的確為他的國家提供了無可估量的服務，確保了法國馬上與英國、普魯士、奧地利以及俄國並列為五強，並在波拿巴垮台之後，修復了歐洲的秩序。

在盟軍的監督之下，波拿巴被指派為厄爾巴實際的行政官，作為賄賂其尊嚴的一點小甜頭。他的正式頭銜是「厄爾巴皇帝與統治者」。這當然是個笑話：不難看出塔列朗促狹的幽默感。波拿巴倒沒看出來。他在巡防艦上所做的諸多事情之一，就是為他的小小領土設計新國旗。他從歐洲退到厄爾巴的境遇，的確就是其座右銘「從輝煌到荒謬，只有一步之遙」的真人版。從統治半個歐陸與八千萬人民，他如今是一座距義大利海岸十二哩外的小島親王，島上的面積只有不到一百平方哩，據說人口有十萬，但到了十九世紀末的確切統計，只有兩萬五千多人而已。十六世紀時，佛羅倫斯的科西莫一世取得了此島，打造了島上的首都，稱之為「科西莫城」（Cosmopolis），但後來被稱為費拉約港。波拿巴無意恢復其輝煌的本名，也不至於放肆到稱之為拿破崙城（Napoleonopolis）。但是他的主宮就在那裡，行館則在郊外，島上還有許多其他房產，其中包括了一座舊修道院，高踞三千四百四十呎的山上。後來他就在那裡接待波蘭情婦瑪麗亞・瓦萊斯卡。她帶著他們金髮的小兒子亞歷山大前來拜訪他。她比瑪麗－露意莎忠心多了，後者不僅拒絕來見他，而且很快地（在梅特涅的詭計之下）有了新情人，也就是她的副官馮奈伯格將軍（就像攝政王的分居王妃卡洛琳及她的總管一樣[2]）。波拿巴對此事不置一詞。但是到厄爾巴沒多久，他收到約瑟芬的死訊時說道：「這下她可開心了。」他也熱烈歡迎母親的到來，萊蒂西亞此時已六十來歲。她對於波拿巴垮台的態度是：「我早就跟你說了！」她一直認為他的榮華富貴只是過眼雲煙，並且說：「對啦，要是這能持久的話。」他的妹妹寶琳也來了，還幫他管家，不時舉辦舞會，以及一些義大利人常辦的活動。但是他總讓她捉襟見肘，一方面是習慣，一方面也是十五年來第一次，他再也沒有萬金可以虛擲。

外交官。在維也納會議時擔任國務大臣，率領外交使節團參與談判，此後在由俄羅斯、普魯士、奧地利三個君主國所組成的「神聖同盟」當中扮演重要角色。

2 英王喬治四世（George IV, 1762-1830）在王儲時期與表妹卡洛琳（Caroline of Brunswick）成婚，但兩人婚姻不睦，女兒出生後旋即分居。喬治三世晚年長期生病，由王儲擔任攝政王，直到一八二〇年才即位為王，但他不讓卡洛琳參加加冕典禮。卡洛琳在一八一四年移居義大利，雇用培加密（Bartolomeo Pergami）為總管，謠傳兩人之間有私情。

他隨身有六百衛兵，另有四百名士兵，包括波蘭輕騎兵。他擁有一個小小的宮廷以及很簡略的行政體系。自古以來，厄爾巴就有鐵礦與漁業，這些產業每年能供給政府逾二十五萬法郎。在他楓丹白露的舊皇宮裡所簽署的和談協定，說好法國政府每年要付波拿巴兩百萬法郎，後來還為他的媽媽以及寶琳增加了金額。他自己也有點積蓄——不是有些人說的七百萬，應該是四百萬——但是他想要留著以備不時之需。他在軍隊、行政以及宮廷裡的花費每年需要一百五十萬。這本來應該沒有問題，如果法國政府有履行義務的話，但是它默不作聲、一毛錢也不付。所以幾乎打從一開始，波拿巴就開始為錢擔憂。整個歐洲都有恨他入骨的敵人，尤其是保皇黨人，而他擔心他們會來謀殺他。他所擁有的一千名士兵，是阻止此類攻擊最起碼的需求。於是他開始變賣資產、撙節開支，害怕不這麼做就只有裁減軍備一途。復辟的波旁王朝如此小心眼，不僅不對，還犯了錯（塔列朗可能會這樣說）。如果波拿巴能被好好供養，他很有可能就把玩著他的迷你軍隊，在厄爾巴終老。恐懼是驅使他尋求東山再起的最大動力。

另外一個動機是無聊。波拿巴業已發福，不時昏昏欲睡而且懶散，但是他狀況仍然良好，而且比大多數人都還精力充沛。必須要說的是，他如此熱愛作戰，所以也喜愛從事一些建設性的活動。一開始他先重蓋之前是個磨坊的主宮，在上面多加一層樓。他在院子裡幹活，也將那小小的行政體系，從頭到腳改革了一番。他著手改進鐵礦、道路、橋梁以及港灣。他引進了農業改造、公共教育以及科學勘測。這些都需要時間，時間他有的是；但這些也要花錢，錢他卻缺得很。雖然對自己吝儉，波拿巴卻只恨對別人或是對自己心儀的計畫出手不夠闊綽。如果波旁王朝有按約定給付，並且多加幾百萬來補助「改善計畫」，波拿巴就會忙得很開心，如此一來就能免除在他的復仇行動中所損失的大量金錢與生命。就這樣，急性子的波拿巴發現，所有不昂貴的改造在數月中就都完成了，但如果要進一步將他的島變身為模範王國，則需要他所沒有的現金。他開始變得易怒、不滿而且心生報復。而英國的上流社會及許多中產階級的好事者，在經過多年的封鎖之後又開始的「壯遊」活動，也沒有讓他好過到哪裡去。他們湧進佛羅倫斯等地，不需花什麼力氣就能將厄爾巴以及那困在籠中的怪獸排入行程。光是英國遊客就大約有六十人成行，而且好好參觀一番。運氣好得以被引介的話，他們會發現這個垮台的皇帝既優雅又見聞廣博，雖然他也一如往常，會不斷地問問題。但是在行禮如儀的背後，他覺得像是赤裸裸地被羞辱了。他喜歡扮演英勇的角色，尤其是統領軍隊的時候——這個人可一點也不虛假謙遜——但是他對於逛市集這種事情一點興趣也沒有。

波拿巴決心要回去的第三個因素是，復辟的波旁王朝無法和法國人民建立密切關係。就如同塔列朗所說的：「他們什麼也沒忘記，什麼也沒學到。」對路易十八公平一點的說法是，他也沒做錯什麼事。但是他又老又肥（威靈頓說，要將嘉德勳章佩戴在他那粗壯的小腿上，就好像是抱住年輕男子的腰一樣[3]），而且貪婪兼頑固。當他在他的第一場重要遊行跌倒時，他堅持非得要由皇家規定來執行此種任務的資深軍官才能扶他起來，於是他就維持仰臥姿勢，直到這位要人終於抵達為止。在這位國王與那位甚至已經被打垮的皇帝之間，兩人的差別不言可喻。同樣關鍵的是戰後的經濟蕭條，這影響了所有的交戰國，讓英國比之前的二十年都還要更有可能發生叛亂。對於工業仍然處於小規模的法國來說，雖不致如此愁雲慘霧，但貧困的確存在，也讓大眾更加抑鬱不安。波拿巴能自由地收到法國來的信件與接見法國來的訪客，兩者皆（他是如此宣稱的）一致地要求他回去拯救諸事不順的法國。他肯定是將這個推翻政府的渴望給誇大了。從我們擁有的大量證據暗示著，對於大多數的法國人來說，波拿巴的魔咒已永久地被打破了，就像是一七九〇年代初期，王室的魔咒被打破了那樣。他們留下了一個無感的真空，等著熱血的有志之士前來遞補。符合這個描述的族群只有退役軍人。在皇帝底下他們曾經成就斐然，現在卻很多人沒有工作，更糟的是人生缺乏目標。但很自然地，這也是波拿巴最常傾聽的族群。他們的懇求讓他相信，除了再次成為法國的「承接天命之人」（天子），他別無選擇。所以恐懼、無所事事與波拿巴眼中的宿命走到了一起。

波拿巴似乎是在一八一五年二月十五日終於決定要返回法國，接著他便快速著手準備遠征事宜。如果真的要幹，的確有其匆忙的理由。波旁王朝正在重組法國軍隊，卻是穩定地以自己的人馬取代波拿巴派的指揮官，使得軍隊的保皇色彩逐月加深。再者，波拿巴得知英國已經在一八一四年聖誕夜與美國議和，這意味著英國海軍大多數的資源，再加上威靈頓手下打過半島戰爭的一批老兵（最近才剛燒掉華盛頓[4]），很快就會統合起來，在歐洲戰場重新部署。一旦更強大的英國海軍屏障建立起來，他就不可能遠征了。他在一八一五年二月二十六日從厄爾巴啟航，在六艘運輸船的護送下，

3 嘉德勳章（Order of the Garter）是英國授予騎士的一種勳章，最主要的標誌是一根印有「Honi soit qui mal y pense」（心懷邪念者蒙羞）的金字吊襪帶。在正式場合配戴吊襪帶時，男士要戴在左小腿上，女士戴在左臂上。

4 這裡指的是英美之間為了大陸封鎖政策而開打的「一八一二戰爭」，英軍在一八一四年八月佔領了美國首都華盛頓，放火燒掉白宮、國會山莊以及許多政府機構。兩國在一八一四年聖誕夜於比利時根特簽訂和約，結束了為時兩年又八個月的戰爭。

登上了一艘巡防艦。運輸船上載著他的六百衛兵、百位波蘭輕騎兵、價值一百萬法郎的黃金、大量的彈藥、四座大砲以及三位將軍。他採取了十分謹慎的做法以確保隱密性，並且以他要前往那不勒斯的假消息來混淆視聽（這就是梅特涅一開始知道波拿巴從厄爾巴消失時所以為的事。）這支小艦隊在三天後抵達昂蒂布，毫無阻力地就登陸了。

至此波拿巴完全照著計畫，攻其不備，而且還持續握有主動權好一陣子。他最後一場軍事行動所有的開場動作，的確展現了他最優秀的軍事特色——突襲、英勇、速度。從坎城開始，他走阿爾卑斯山路線前進格諾伯勒以避開馬賽；因為那裡的保皇黨軍營由馬塞納所掌控，而兩人已永久決裂了。在格諾伯勒南方十五哩處的拉夫雷，他發現第五兵團的常駐步兵營擋住了他的去路。於是波拿巴展現了一場經典的表演。他叫自己的軍樂隊演奏《馬賽進行曲》（即法國國歌），然後獨自迎向對面的士兵，當來到他們的射程時，他跨下馬走向他們，一直走到他們的聽力範圍後，他才滿意地停下來，然後敞開外套大喊：「我就是拿破崙。你高興的話就殺你的皇帝吧。」一切安靜無聲。然後他扯了一個漫天大謊：「巴黎政府裡有四十五個最睿智的人，將我從厄爾巴召喚回來收拾法國的殘局，我這次回來背後有歐洲三大強權撐腰。」又是一陣沉默，然後出現一聲：「皇帝萬歲！」士兵衝出隊伍、迎向波拿巴，唯他是從。當這項背叛的消息抵達巴黎時，引發了一場雅各賓派的暴動，政府大官一陣恐慌，支持波拿巴的聲浪在許多地方不斷升高。當波拿巴來到格諾伯勒時，他被當作皇帝般歡迎，雖然不是所有人都歡迎——還差得遠呢——但確實有一群足夠的群眾加速了這驚人的毀滅力量。其他的常駐軍在他前往巴黎途中陸續加入，其中最特別的是三月十四日在奧塞爾，帶領騎兵、授命要逮捕波拿巴的納伊元帥，原本答應要「將他帶回鐵籠裡」，卻也加入了他主子的行列。波旁王室的信心終於在三月十九日崩潰而逃往根特，隔天波拿巴在沒有阻擋的情況下，長驅直入巴黎。

至此，這個原本可能是絕望的、以慘敗收場的冒險，卻驚人地順利，甚至比樂天的波拿巴本人預期的還要好太多。但另一邊也有戲劇化的轉變。波拿巴過去習慣於面對老大不情願的同盟：遲遲才聯合起來，且移動緩慢、目標分歧；尤其他們的軍隊集合時總是很慢，不同國籍的指揮官又老是在戰略上爭辯不休，常常相持不下。但現在，他們率領著一群精神高昂的人民，就跟過去二十年間的法國人一樣，他們也成了民族主義者，他們將波拿巴視為戰亂的根源，摧毀他們的祖國，讓他們的父子兄弟都因此喪命，而這個人又再一次無可救藥地、以和平之敵的身分出現。這可不是一個需要多做解釋、多麼複雜的外交情況。這幾乎已是眾所皆知、不證自明的事實，正在衝擊每一個人。所以，萊比錫那場民族大戰竟然還不夠！還需要更多的努力才能讓這個暴君的幽靈安息。那就這樣吧！在維也納聚會的歐洲君王及其朝臣重新擘畫了歐洲的地圖，並且在許多棘手的問題上達成協議。有史以來第一次，他們形成了一個可被稱為團隊的組織。當波拿巴潛返法國的消息傳來——關於消息抵達的時間與方式，以及誰先得知，眾說紛紜——列強在數小時內就聚集起來，反應迅速而一致。這是大家無法接受的事，而且會斲傷歐洲的和諧與寧靜。他們將波拿巴視為不法之徒，下令逮捕，並採取立即的軍事行動來執行這個命令。歐洲應變之快速第一次跟上了波拿巴的速度，這必定讓他不安與驚詫。第七次反法同盟（也是最終一次）在數小時內於焉成立。

還有第二個新的要素。威靈頓當時也在維也納，他暫時接替外交大臣卡斯爾雷，成為英國代表團的團長。如今在歐洲就屬他的軍事聲望最高，因為他打敗過波拿巴所有的元帥，如果不算波拿巴本人的話。近期在維也納，他大大地展現了政治與外交手腕，贏得列強與大臣們的信賴和信心。他們毫不懷疑地專注傾聽其軍事建議，也讓他實際主導阻擋波拿巴的戰略行動。他不僅是英軍在法蘭德斯地區的大元帥，也是日耳曼、荷蘭和比利時軍隊的總司令，以便在那邊的戰場快速集結軍力。依威靈頓推測，如果波拿巴要迅速展開行動，他會往北邊走。他猜對了。

但會在何時呢？盟軍中的每國都保證至少有十五萬兵力投入戰場，並且會駐守到摧毀波拿巴為止。波拿巴從波旁王朝接收了十五萬常備軍，能在三月底召集其中三分之一，在四月初據此向北突襲。然而政治的理由讓他放棄這個選項。這會讓他再次被蓋上侵略者的印記，而他想讓盟軍先展現侵略法國的意圖。事實上，他的勝算有限，政治、外交以及文宣造勢都幫不了他，只有成功地運用軍力才能拯救他。但是放棄了閃電攻擊的選項，等於提高了盟軍打勝仗的機率。另一方面，匆忙之間組成的政府奇蹟似讓他集結了三十六萬大軍，其中十八萬能用來展開攻擊。然而，他在此時打破了自己創立的規矩，沒有將所有軍力投入進攻態勢，而是把自己的軍隊限制在十二萬人，讓剩下的部署在邊境以禦外侮。在接下來的戰役中，他可能另外增加總數約三萬五千名的士兵。但誰能說這會造成什麼差別呢？波拿巴犯的第三個錯誤是將穆哈排除在外。穆哈是他最優秀而且最有經驗的騎兵指揮官。波拿巴復位時，二十位仍然活躍的元帥中，有四位留在路易十八身邊，三位叛降於英國聯軍，一位投效普魯士陣營，兩個神隱，所以波拿巴還剩下大約一半，還加上一個新的，埃曼努爾・格魯西——這樣就有十一個。或說是十個，因為失去了那不勒斯王國的穆哈已經回到法國，但是波拿巴下定決心不原諒他、也不再信任他。騎兵疲弱，波拿巴等於是自斷手腳。

沒有什麼要比細微而理性地描述一個複雜的軍事行動來得更令人糊塗了，那可能會讓絕大多數與役的將軍都感到困惑。這也就是為什麼在這本波拿巴的傳記裡，主要的戰役都只是順帶提過。但是滑鐵盧基本上是件簡單的事情，且具有深刻的歷史重要性，所以值得更進一步的審視。波拿巴必須快快行動，因為每過一天，盟軍都有更多的士兵集結，在數量上形勢對他更加不利。到了一八一五年六月初，威靈頓駐防於布魯塞爾的英荷普聯軍已超過九萬人。由布呂歇爾率領的普魯士軍隊總部設在那慕爾，約有十一萬六千人，他們駐紮的範圍東西向有九十哩寬，南北則為三十哩。兩條線在地理上交叉於沙勒諾瓦，就在那九十哩前線的中心。

那也是波拿巴要擊中的目標。他在六月十一日從巴黎出發，三天後已經成功地在邊界展開一百哩寬、一百七十五哩深的軍隊，列成了三個緊密的楔形陣，攻擊方位指向沙勒諾瓦。這是場快速的行動，也證明了波拿巴的軍令嚴明。因為他那不可或缺的參謀長貝爾提耶拒絕加入他，所以他只好將就蘇爾特，他是個指揮官的人才，卻不是審慎的參謀人員。行動一開始，波拿巴所下達的命令的確是又快又熟練，一點也看不出失敗的跡象；尤有甚者，這迅捷的集結能力讓竭力保持消息靈通的威靈頓與布呂歇爾都大吃一驚。

波拿巴兵分兩路（分別由納伊與格魯西領軍），還有一個他親自指揮的預備軍中心。之所以往沙勒諾瓦移動，是因為一如往常，他的目標就是要阻止英軍與普魯士聯合起來組成一個防衛大軍，這樣他的陣仗就會完全被比下去。納伊可以攻擊威靈頓，格魯西可以對付布呂歇爾——看誰的目標比較明顯——而坐鎮中心的波拿巴則看哪邊有戰事就發動攻擊。因此照例，他希望靠著自己在數量上的優勢，將這兩支盟軍各別擊破。

六月十五日第一波攻擊開始。當軍隊在桑布爾河上的沙勒諾瓦橋遭遇抵抗，波拿巴很快地就來到作戰位置，並且指揮青年禁衛隊迅速地把橋攻下。這也顯示了他的狀況良好。將指揮站設在沙勒諾瓦後，波拿巴指示納伊與格魯西開始工作。普魯士受到嚴重的打擊，但仍然井然有序地撤退。另一方面，英軍頑強地鎮守在夸特布拉斯的主要十字路口，這也是法軍需要強勢分隔聯軍軍隊的要道。因此波拿巴的計畫並未完全奏效，但是他仍然堅守戰略的初衷，在夜幕降臨之前，於有利的形勢下持續攻堅。他以邊長十二哩的正方形就地紮營，營區就位於中心點，視情形攻打英軍或普魯士軍。

然而，這兩大聯軍仍然保持聯繫，威靈頓和布呂歇爾甚至還在可以觀測到法軍的布萊會晤、商討作戰計畫。威靈頓公爵火速加強他在夸特布拉斯的陣地，不時有新的軍隊加入他的陣營。這對他來說有著生命攸關的重要性。如果波拿巴攻擊他，他將寡不敵眾。再者，他身邊剩下的半島老兵相形之下已經不多，而許多單位素質低落，英國當局卻還不准他選自己的所有資深參謀——比方說，他們甚至強迫他找阿克斯布里奇勛爵[5]指揮騎兵隊。很難說威靈頓到底比較不信賴誰——是騎兵隊還是他們的指揮官。因此，兵力增援是他心中最重要的事，如果他要取得後援並加以部署，其後方道路就必須保持淨空。這也就是何以在接近滑鐵盧之役的那些日子裡，公爵還忍痛地表現出無所謂的樣子，極力隱藏他的焦慮。例如他出席了里奇蒙公爵夫人[6]主辦的那場知名舞會，但並非如當時人士如拜倫所想像的在大理石廳堂中著裝，而是在一間布魯塞爾的洗衣店裡整理儀容、換上正式的服裝。萬幸的是威靈頓在布魯塞爾阻止了一場瘋狂的恐慌，要不然帶著家當逃亡的難民潮會堵塞了他的後路。在他的冷靜從容之下，馳援兵力源源不絕，甚至在滑鐵盧戰役期間還有增援，而且都能立即投入作戰。

直到六月十六日，波拿巴的計謀才開始出錯，雖然還不到絕望的地步。他命令左翼的納伊奪取夸特布拉斯，然後決定以格魯西和他自己的中心軍隊來摧毀布呂歇爾，因為後者在利尼似乎下定決心要堅守岡位。這個計畫生變是因為指揮一個軍團的戴爾隆伯爵，接到了來自納伊和波拿巴互相衝突的指令（如果貝爾提耶還在，就不會發生這種事），於是他杵在中間，並未加入戰局。如果跟戴爾隆一起作戰的話，納伊或可攻下夸特布拉斯，但即使他個人英勇地奮戰下，最後還是失敗了。波拿巴一過午就在利尼對普魯士軍發動攻擊，遭遇到堅決的對戰。普魯士勇猛地抵抗，在傍晚八點許，布呂歇爾親自帶領騎兵出擊。他的馬被射倒，翻身壓在他身上，他失去意識被送離戰場。但他清醒過來，最後還是重掌行動的指揮權。到了晚上九點，普魯士很明顯地無法再堅守下去。確然，如果波拿巴擁有戴爾隆部隊，他們的撤退可能會變成一場暴動。但是他們保持著陣勢、井然有序地後退，做好了再戰一場的準備。雙方損失都相當駭人，超過了兩萬士兵。在利尼當地，兩陣營就有四千人死於四百平方碼的土地上，而整場戰役也不過是發生在兩平方哩出頭的範圍。這場對戰的集中性之高、以及傷亡人數之

5 阿克斯布里奇勛爵（Henry Paget, Earl of Uxbridge, 1768-1854），英國陸軍元帥，在法蘭德斯戰役與半島戰爭中率領騎兵有功，卻因為把威靈頓公爵的弟媳婦拐跑了，以致無法繼續在威靈頓麾下服役。他在滑鐵盧之役重新成為威靈頓部下，不幸遭到砲彈擊中右腿。據傳他跟身旁的威靈頓說：「天啊，閣下，我失去了一隻腿！」威靈頓則回說：「天啊，閣下，還真的哩！」阿克斯布里奇勛爵被迫截肢裝上假腿；鋸下來的右腿則埋在滑鐵盧村並立碑紀念，一度成為觀光景點；至於那把鋸子則陳列在倫敦的陸軍博物館。

6 這場由里奇蒙公爵夫人主辦的舞會，發生在夸特布拉斯之役的前一晚，一八一五年六月十五日。里奇蒙公爵時任英國預備軍指揮官，駐紮在布魯塞爾。除了三位將軍缺席外，威靈頓麾下的所有高階軍官全都出席了。當法軍越過邊界的消息傳來，據說威靈頓的回答是：「消息屬實，我們明天就出發。」有些軍官來不及換裝，隔天就穿著晚禮服上戰場。

眾，使它成為整個戰役裡的特寫——在夸特布拉斯的十字路口，就有近一萬名士兵傷亡。

看到普魯士撤退後，威靈頓在六月十七日一早就決定，與他們保持聯繫優先於其他任何考量。於是他從夸特布拉斯撤退，然後採取一個新的作戰位置，這就是後來的滑鐵盧戰場。納伊或是波拿巴未能在這場狡詐的撤退中全力攻擊，是整個軍事行動中最糟糕的錯誤（某些人認為）。威靈頓如今處於相當穩固的防守位置，他的人馬能在反面的斜坡上臥倒，躲避砲火的攻擊，而且他與布呂歇爾仍保持著聯繫，後者承諾如果他在隔天也就是六月十八日要與法軍交鋒的話，能夠支援二到四個兵團。同時，波拿巴也派出格魯西帶著三萬三千兵力與九十六座大砲，大約三分之一左右的軍隊，要他緊跟著布呂歇爾，阻止他協助威靈頓。在一連串非比尋常的衰運之下，格魯西最後遇上的是布呂歇爾東翼正要調動移往滑鐵盧的四個軍團，而非其西翼。而在最關鍵的數小時中，格魯西和他的主子都沒有發現這個致命的錯置。這使得波拿巴整個「各個擊破」的致勝策略，成了空談。

儘管如此，六月十八日清晨的局勢仍對波拿巴有利。之前間歇性的大雷雨下了好幾天。以玉米田為主的地面都是濕的。雙方人馬又累又濕，在這種環境下鬥志卻仍然高昂。威靈頓覺得有必要派遣四分之一的隊伍，也就是一萬七千人，到他右側（也就是西邊）八哩外的位置，以防法軍從此側翼包抄。事後看來這是個錯誤，尤其是這隊軍力包含了英國一整個師。但是如果公爵沒有採取此預防措施，波拿巴很可能會更改計畫，而恰恰作出威靈頓最害怕的行動。波拿巴之所以是個危險的對手，乃在於他擁有高超的警覺性，能夠抓住敵人防守上的漏洞，並且迅即以侵略性的行動回應。將這支軍隊分遣出去之後，威靈頓只剩下三萬名可靠的英軍和所謂「英王的德意志軍團」[7]，還有三萬六千位混合了荷蘭、比利時以及其他國籍的士兵。其中有些英勇奮戰，有些則不然。那一天開始的時候，威靈頓一定有某程度的體悟——我們知道他確然如此。他有一百五十六座大砲，其中一半是英國來的。波拿巴的軍隊包含了七萬四千人，全都是法國人，以及兩百四十六座大砲，全都軍容整齊地列陣在英軍視線可及的一千三百碼之內，總共排成三排，最後一排由禁衛軍鎮守。

布呂歐爾正朝著勢單力薄的威靈頓前進，但為了一些非他之罪的理由，行軍速度緩慢。這給了波拿巴在普魯士軍隊抵達前攻擊並摧毀威靈頓的機會。的確，他向格魯

7 英王的德意志軍團（King's German Legion），成立於一八〇三年，當時漢諾威選侯國在拿破崙戰爭中失敗，由於英國國王（來自漢諾威王室）同時也是漢諾威選侯，因此併入英國軍隊，在之後英國與拿破崙的對抗中扮演非常重要的角色。一八一六年之後解散，部分回到漢諾威王國，於德意志統一之後成為帝國陸軍。

西發出了命令，要他盡全力、更進一步拖住普軍。格魯西卻未付諸實行，有部分原因可能是他誤解了命令，但主要的因素是，他不知道自己對應於其他法國、普魯士還有英國軍隊的相對位置在哪裡。格魯西迷路的唯一解釋是他不會判讀地圖。對於波拿巴這樣一位歷史上最偉大的軍事地圖專家來說，將關鍵的指揮權交給此人，似乎是異常的缺失。但戰爭就是如此充滿謎團。不論格魯西按兵不動的原因是什麼，他和他的人馬在此次戰役中已不再扮演任何角色。以他為其主子提供的所有援助看來，他還不如待在巴黎的軍營算了。

　　無法阻止普軍回到主戰場本來應該也沒有關係，如果波拿巴能夠以其慣有的速度猛攻的話。他應該在清晨或是最遲在早上六點就發動攻擊。然而他檢視了場地卻覺得太濕了。浸在水裡的地面對於一大群騎兵或是步兵要前進，當然並不容易。但是遲了五、六個小時才下令攻擊，讓敵軍得以順利增援是個錯誤（在威靈頓的後方，軍隊不斷抵達，更別提還有前來支援的普軍），而且也違反了波拿巴所有把握機會、為了速度而冒險的原則。

　　這樣的耽擱顯示了波拿巴面對英軍過於自信。曾經與英國步兵團交手的元帥都跟他說，他們在防守上異常地頑強，但波拿巴不當一回事。他也低估了威靈頓這位戰場上以戰術見長的指揮官。當蘇爾特讚美公爵時，波拿巴回覆道：「那是因為他打敗過你。」相較來說，威靈頓就不犯這種低估波拿巴的錯誤。他認為波拿巴一人就抵得上四萬士兵的戰力，這讓法軍在數目上幾乎多出盟軍一倍。但是威靈頓本身也是個有信心的人。他在二十場對陣戰中遭逢過優秀的法軍，而且都打贏了。他後來提到，讓他驚訝的是，波拿巴在調派能力上退步許多。他說：「法軍以同樣的老方法來襲，而我們就以同樣的老方法驅退他們。」威靈頓的意思是，波拿巴一開始以八十座大砲造成猛烈彈幕，接著是大規模的騎兵攻擊，續以步兵隊助攻。彈幕戰術失效，因為威靈頓的反面坡戰術將死傷減到最低，並且保持了士兵高昂的鬥志。緊接著的進攻是由八十支法國騎兵隊組成，陣勢駭人。但是英軍仍有餘裕形成矩陣而將之擊退。只有最堅決的騎兵，再加上步兵近距離的支援，才能擊潰秩序井然的矩陣，穆哈缺席的影響於此處顯露出來。騎兵隊缺乏決心，而步兵隊又落後在大老遠的地方。所以法國許多拔尖的騎士——包含資深禁衛隊的重裝騎兵旅——就這樣白白送死。的確有個荷蘭－比利時的旅逃命去了，而兩支阿克斯布里奇的騎兵旅在未授權的情況下攻擊法國騎兵，得到了初步的成功之後，接著就失去控制（一如往常），然後在法國騎兵手中嚴重受創。但是威靈頓早就料到會有這些不幸事故，他從容地繼續作戰，彌補了這些間隙。簡而言之，在戰役的前三波攻擊當中，波拿巴徒勞無功。

從他這邊來說，現在他需要盡可能地、不惜任何代價摧毀威靈頓的軍隊，因為已經下午一點，他初次看到地平線上出現一支普魯士軍隊，正快速地往戰場前進。於是他向納伊下達強制命令，要他即刻奪取「神聖的圍籬」。那是威靈頓陣營正中心一座防備嚴密的農舍，由英王的德意志軍團所鎮守，但是他們已彈盡援絕，且無法立即重新補給。納伊以其一貫的活力予以攻擊，在一陣猛烈的刺刀攻勢下，英軍撤退了。但是此番挫敗並未打破盟軍的陣線，因為威靈頓只要重新加強布陣即可。現在已經過了傍晚六點，布呂歇爾軍隊的前鋒來到了法軍的左翼。他們的到來讓威靈頓得以削弱左翼、將兩支騎兵旅派向他潰不成軍的中心點，讓法軍無法順利突破。

波拿巴派出資深禁衛隊的兩個營、以刺刀防堵普軍的前進路線時，就了解到其處境的嚴重性，這是他最後的武器。大約七點三十分左右，他發動全軍去攻打英軍，並且投入所有的資深禁衛隊，將近有五個營之多。攻擊行動相當激烈，但防守也不遑多讓，法國軍隊中出現一片驚恐的喊叫聲：「禁衛隊在後退！」波拿巴坐鎮指揮時，從沒有出現過這麼悽慘的聲音。的確，資深禁衛隊整齊但決定性的撤退，讓威靈頓有機會揮舞帽子並大喊：「起來，士兵們，往前衝啊。」在一天絕望的防守之後，英國與盟軍現在開始攻擊了，大砲緊跟在後，給予撤退的法軍陣勢連環重擊。同時，不斷增加的普軍持續攻擊法軍右側。第一擲彈兵團裡有兩營資深禁衛隊，因為拒絕移開而被近距離的大砲炸成碎片。其餘的法軍則變成一群被追捕的烏合之眾，往四面八方散去。

到了晚上九點，塵埃落定，威靈頓和布呂歇爾十五分鐘之後，在另一間被炸爛了的農舍「美妙的同盟」會合。布呂歇爾對公爵說：「我的天哪，好一場戰役！」他幾乎就只知道這句法文，但為這恐怖的一天作結倒是很適切。戰鬥發生在幾乎不到三平方哩的狹窄地區，而這片浸水的田野如今則遍布已死與垂死的人們與馬匹。各方人馬都有相當英勇的表現。納伊像獅子般地戰鬥，半打的馬匹在他底下喪生，最後他領軍直接徒步衝向英國士兵。他在戰場上最後被看到的行動，是用劍來發洩他的絕望。他把它插進一個廢棄大砲的砲筒中而折斷了。他希望能在戰鬥中死去，因為他知道，他將會因為公然背棄國王而被索命，結果也的確如此。[8]

當波拿巴告訴他媽媽，他將要離開厄爾巴並重啟戰端時，她對他說：「很好。寧願

8 奈伊在戰後遭到逮捕並送回巴黎受審，被處以叛國罪。他的律師為了讓他免於一死，聲稱奈伊的家鄉已遭普魯士併吞，如今他是普魯士人，法國無法判他罪。奈伊卻說：「我一直都是法國人，死了也是法國人。」最後他遭到槍決。

手握著劍死去，也不要在流放中虛度你的餘生。」但是波拿巴並沒有把握機會加入混戰。他可能並不恐懼死亡，而是害怕被俘。的確，如果他淪入普軍的手中，布呂歇爾可能會槍斃他。威靈頓說，在那煙硝瀰漫的戰爭煉獄中沒看到波拿巴，不過有看到蘇爾特正在發號施令，因為以前見過他，所以一下就認出來了。經過漫長又驚悚的一天，當黑暗終於降臨，波拿巴在一群騎兵的掩護下，乘著馬車遁逃了。但是遍地泥沼很快地就迫使他不得不上馬、使盡全力奔馳以保命。他對法軍損傷的規模隻字未提。僅僅是滑鐵盧之役，法軍就損失了四萬士兵，布呂歇爾在當天的最後數小時失去了七千人，而威靈頓則折損一萬五千人，其中包括了某些最優秀的將軍與士官，以及許多他有私交的朋友。他和波拿巴一樣都毫髮無傷，但是阿克斯布里奇在戰役的最後幾分鐘，被大砲炸掉了一條腿，當時他正在跟威靈頓交談。公爵明顯地被這場大屠殺給嚇到，他一直跟輝格黨的國會議員湯瑪斯．克里維重複地說著：「這是一場險勝，一場天殺的險勝。我想如果我不在場，我們就不可能辦到了。」滑鐵盧的痛苦經驗讓他說出了最誠摯的一句話：「人生中沒有什麼比打贏一場戰役更糟的事了，除了打輸之外。」對於波拿巴的行動，他最後的定論是，如果他打的是一場防禦戰，那才是終極聰明的做法。如此將為盟軍帶來巨大、甚至無法克服的問題。「然而，他總是對此太缺乏耐心。」

滑鐵盧是歷史上一場決定性的戰役，終結了整個革命時代與拿破崙時期。六月二十日，波拿巴將剩下的軍隊指揮權交給蘇爾特。法國的軍隊絕沒有因此而被打垮——大約還有十五萬人在不同的單位中運作，十七萬五千新兵在受訓——但是法國的精英已經受夠了。想在波旁王朝治下謀官的富歇，說服了所謂的民意機構，眾議院與元老院，共同呼籲波拿巴退位。波拿巴在六月二十一日被迫下台。他不太確定接下來應該做什麼或是想做什麼。他有一些關於美洲行的模糊計畫，也許是去美國。拉丁美洲現在對於西班牙統治群起反抗，而波拿巴並不是唯一一個在那裡看見自己未來的人。拜倫也想過要組織一支軍隊來加入抗爭的行列。在歐洲挫敗之後，波拿巴後來曾談及要在美洲打造一個一億人口的龐然大國。但是，他也得先到那裡才行。他前往羅歇福港，希望能搭船航向紐約或是波士頓。然而當他在七月三日抵達時，他發現英國海軍已先發制人。在五天的遲疑後，他決定最佳的路線是向英國投降。當他向攝政王懇請庇護時，他如此形容英國：「（我）最強大、最屹立不搖、也最慷慨的敵人。」他先登上一艘巡防艦前往艾克斯島，在那裡被移往柏勒羅豐艦，那是一艘被俘的法國戰艦，如今在英國艦隊中則被稱為「惡棍比利」。他的諂媚起不了太大的用處。他被帶到普利茅斯，在那待了三個星期；當地人對他充滿了興趣，總是有一堆船載滿了人要去看他。

波拿巴被迫全副武裝、每天同一時間[9]，在左舷踱步。每一天，殘酷的真相就越顯清晰。他們不會讓他自由，而之所以還耽擱著，只是因為盟軍之間需要商議將他送往何處拘留。前一年提出的那可怕字眼「聖赫勒拿」，原本是厄爾巴的替代方案，如今則成為無法逆反的真實。雖然他在輝格黨的朋友試著要發人身保護令給戰艦的指揮官，但是波拿巴還是受到拘禁，並且被轉移到諾森柏蘭艦上。這艘船在月底之前向那監禁之島啟航，於一八一五年十月十七日抵達。

波拿巴當時四十五歲。如果這些事件發生在二十世紀初期，波拿巴毫無疑問地會被迫面臨軍事法庭的審判，並且無可避免地會被判有罪，被處以死刑或無期徒刑。在處事合理的人們心中，那些造成四、五百萬人死亡與巨額財產損失的事件，會有呈堂證據來為其犯罪程度給予永遠的定罪。然而在當時，這樣的程序既無先例，也沒有既存的機制。他就這樣在英國政府的國家行為下，以及的確是所有其他歐洲政府的同意下，還有法國的默許下，未經審判就直接被囚禁起來。這樣的結局又為波普「意外的後果」法則提供了另一個範例——拿破崙傳奇於焉誕生。

9 拿破崙每天出現的時間是下午六點。

CHAPTER SEVEN

第七章
漫長的道別

✣ ✣ ✣

將波拿巴拘禁在聖赫勒拿島的決定，是由維也納國會決議、亞琛會議所確認，並且由英國法庭在國會的運作下立法，將他以波拿巴將軍的身分，定罪為戰犯。聖赫勒拿島是座火山島，周長二十八哩，位處南大西洋，是前往印度途中的補水站。典型的海洋性氣候，多陣雨、偶有霧氣繚繞，當地居民容易罹患阿米巴痢疾。除此之外，環境倒還算健康。由於此島是主要貿易路線上一個軍艦與商船頻繁造訪的港口，所以容易到達，但對於可能想要前來營救的支持者來說，又距離遙遠。事實上，波拿巴居住島上的六年期間，並沒有任何認真安排他逃逸的計畫。距離因素之外，圍繞著海島的還有永久駐守的海軍巡防艦中隊，近海有雙桅帆船的監控，以及兩千兩百五十人的軍營以加強防衛。為阻擋攻擊所部署的大砲提高到五百座。這些花掉了英國納稅者每年將近五十萬拿破崙金幣[1]。

波拿巴被獲准帶著一群朝臣與十二位僕人同行——他的馬木魯克保鑣、一名管家、一名廚子、三位貼身男僕、三位跑腿男僕、一位會計、一個餐具室管理員，還有一個燈具清潔工。僕人方面沒什麼麻煩。年輕的貼身男僕主管路易·馬雄，是「僕人眼中無英雄」這句箴言的反證：他崇拜這位垮台的皇帝。然而朝臣的情況可就不同了。其中一位查爾斯·德·蒙特龍侯爵，大概是因為他有一位漂亮太太艾蘋而被選中，（咸認為）她是波拿巴的最後一位情人，但是她還另有一位英國軍官愛人，在遭到懷疑後分手了。另一位朝臣是加斯柏·古爾戈將軍，他容易激動，可能是位同性戀者（有時會將波拿巴稱為「她」），他忌妒蒙特龍及其美眷，甚至還邀侯爵決鬥。他也在疑雲罩頂中離開了。還有一位民法律師約瑟夫·德·拉卡斯伯爵，及其子艾曼紐。但拉卡斯因為違反監禁規則、將信件偷運出島而被驅逐出境。隨員中的資深成員亨利·貝特朗伯爵將軍，一直以來都是波拿巴的宮廷元帥，也與波拿巴年紀相仿。不幸的是，他的妻子芳妮是位保皇黨，當被告知她得伴隨先生一同流放時，曾投水自盡未遂；而波拿巴對她展現愛慕之意，更加重了她的反感，被她態度強硬地回絕了。流放期間還有其他人員加入宮廷的行列。母親大人與舅舅費許主教派來了神父，但對這位極端世俗化的囚犯影響不大。還有一些醫生，其中從柏勒羅豐艦來的外科醫生貝瑞・歐瑪拉是最重要的一位。總數共有十二到十六位朝臣。

歷史顯示，不僅僅是在我們的時代而已，所有的宮廷，尤其是小型、流放的那種，都是忌妒與陰謀騷動沸騰的圈子。波拿巴的宮廷即是此一不討喜現象的典型實例。有時仇恨一觸即發，背叛的指控漫天飛舞。波拿巴一度表達了他應該只帶僕傭隨行，你不得不同意他的想法。朝臣的重要意義在於他們記下了波拿巴那些雜亂的回憶話語，其中六位、再加上一位貼身男僕，都寫了自己的回憶錄，這為一八一六年開始、並持續到今日的龐大拿破崙文學產業提供了基礎。就像所有跟波拿巴人生有關的事情一樣，這些回憶錄明顯地兜不攏，常常在很簡單的事實上都充滿分歧。這反映了流放生活的緊張以及互相憎惡，也和他生命中其他階段一樣，自有其戲劇性。

1「拿破崙」（Napoléon）是一種舊時代的法國金幣，有五、十、二十、四十、五十和一百法郎面額。最早是由拿破崙下令鑄造，後來這種法國金幣就被稱為「拿破崙」。

除了這位前朝皇帝自己之外，好戲的主要來源是那位無趣、頑強、負責任、審慎、善良、誠實、易緊張且過分小心的哈德遜．洛。他被指派為總督以及這位囚犯的典獄長。英國沒有任何有門路、或是有影響力的人想要這份工作，但是並非貴族出身的洛先生很高興得到這份差事。這對他來說意味著富裕——一年一萬兩千英鎊外加津貼——還有巴斯爵級司令勳章（他本已受封騎士爵位了），以及中將的任務軍銜。洛的父親曾擔任軍團的外科醫生，他就出生在軍營，十二歲從軍，在軍中度過了一生，經歷了法蘭西帝國以及歐洲大戰。波拿巴嘲笑他從未在戰火中聽過大砲射發的聲音，但這完全不是真的。洛參與了三十一場戰役（波拿巴則有五十場），見證過波拿巴的埃及遠征以及他在萊比錫的挫敗。洛曾出征義大利、日耳曼、希臘、西班牙，還有法國本土，馬賽居民便曾作證說他拯救他們免於掠奪之災。他會說數種語言，所以一開始是擔任募集與訓練當地軍隊的專家——諸如科西嘉突擊隊、馬爾他兵團、那不勒斯非正規兵團，以及俄普軍團等，都是由英國政府所贊助。後來他與盟軍合作，特別是普魯士軍隊。於是他成為布呂歇爾的副官，參與過十三場戰役。他多才多藝又經驗老到，曾獲官方褒揚：「自從一七九三年戰爭開打之後，他就沒有一天離開過崗位。」曾任命他為少將的威靈頓公爵認為他不夠機靈，但卻是一位有良知、過於誠實的軍官，深為造謠生事的毀謗所苦。

這毀謗從何而來呢？在英國，是由荷蘭大宅[2]的輝格黨人所策畫。他們向來同情與君權神授作對的波拿巴，並急於促成他獲釋或逃亡。在申請人身保護令失效、以及洛的指派消息公布後，荷蘭爵爺與夫人馬上一再邀請他造訪荷蘭大宅，用盡魅力、甚至是奉承地為他解說他們的觀點，還試著說服他對這位有名的囚犯採取最寬鬆的管理系統。洛一開始很困惑，因為這樣被帶到歐洲最尊貴的上流社會中，但他馬上就了解荷蘭大宅的意圖。於是他明白表示，他打算謹遵由內閣與國會簽署、由殖民大臣巴瑟斯特伯爵所發布的指令，波拿巴會得到安全無虞的尊重。從那時起，荷蘭大宅就棄之如敝屣，傾力與他為敵。

在島上，宮廷也著手布這個局。波拿巴自己先開始試著對洛展現長袖善舞的魅力，但很快就發現到此人無法收買。後來洛便被描述成撒旦：卑鄙、多疑、虛偽、賄賂他的僕傭、精於下毒、能幹出最下流的惡行，且領導一幫殘忍的科西嘉強盜。許多

2 荷蘭大宅（Holland House）原名柯普堡（Cope Castle），位於倫敦肯辛頓，原本是華特・柯普爵士於一六〇五年起造的宅邸。大宅後來由荷蘭伯爵的里奇家族與荷蘭男爵的福克斯家族接手，這裡的「荷蘭」指的是林肯郡。到了十九世紀，荷蘭大宅成為第三任荷蘭男爵與輝格黨人的經常聚會所。

說法都暗指，洛與波拿巴天天為瑣事爭吵——小心眼的洛對上寬宏大量的波拿巴。事實上，他們只碰面過六次，而且最後兩次的談話全都是波拿巴在辱罵，洛則保持沉默。

正如我們所注意到的，波拿巴一向擅於文宣造勢，從義大利和埃及開始，如今在荷蘭大宅的鼓勵與協助之下，他啟動了在他人生中最持久且最成功的文宣活動。一位守衛在波拿巴身邊的年輕英國軍官貝索．傑克森如此總結道：

這個政策——由拿破崙的支持者熱心又勤奮地執行著，他們跟這個偉人一樣也毫不喜歡放逐這件事——是要在給英國的小冊子與信件中，大量地抱怨關於不必要的限制、總督的侮蔑、供應的短缺、生活環境的悲慘、氣候之不適人居以及一大堆其他委屈，但最主要是瞄準總督先生，因為他站在這一切錯誤行為的最前線。

後來，在波拿巴過世後，德．蒙特龍向傑克森承認：「這就是我們的政策，不然你以為會是怎樣？」

真相是，一如他人生中許多片段所顯示的，洛是位仁慈的人。一八〇八年，他親自向波拿巴跟前的要人貝爾提耶呼籲，請求駐那不勒斯法軍不要再大量處決卡拉布里亞愛國者了。他在義大利與愛奧尼亞島的各項公職生涯中，都相當受到市民的歡迎，並獲頒表揚狀以及榮譽之劍以示感激。在聖赫勒拿島，他也受到各個階級、甚至地主的喜愛，儘管在一八一七年他透過行使自己的特權，廢除了當地的奴隸制度，這比大英帝國完全廢除奴隸制度還早了十六年。波拿巴死後，島民悲傷地送走了他（之後由陰鬱的約翰·潘·柯芬准將接替）。

並沒有證據顯示洛是卑劣或殘酷地對待波拿巴。相反地，是他將波拿巴的家用津貼從一年八千英鎊提高到一萬二千英鎊，跟他身為總督的收入一樣。後來又被減為原金額則是殖民部發出的命令，洛也無能為力。當波拿巴將捉襟見肘的經濟情況怪罪到總督頭上，還伴隨著誇張的宣傳伎倆，比方說公開出售銀器以及將家具拆了來生火之類的，想必洛只是對著自己苦笑吧。事實上，波拿巴的生活不虞匱乏。他最後所定居的朗伍德宅，可能是島上最好的房子了，擁有超過四十個房間，還有一間收藏豐富的圖書館。洛願意將自己的大量藏書提供給波拿巴借閱（但被回絕了）。針對波拿巴騎馬與散步的限制——只要出了朗伍德宅，都必須由一位英國軍官陪同——實在不算什麼。在他書信方面的限制則較為繁瑣，但完全合理，我們現在都很清楚是為了什麼。

洛的處境很為難。波拿巴並不是一個被囚禁起來的犯人，甚至也不是軟禁在家。他有宮廷、僕傭，外頭還有一大群支持者，甚至在英國，都是些位高權重、資源豐富的人。洛必須冒著自己的生命危險，確保他能避免這個歐洲最危險的人逃亡。這傢伙造成了上百萬人喪生，挑起戰爭，讓整個歐陸度過了不得安寧的十五年。波拿巴的話都不算數，他違反了每一條他簽署的和約，尤其是那個讓他得以在厄爾巴舒適度日的協定。這最後一次的毀約造成了將近十萬英勇生命的喪生，以及巨大的財產損毀。如果波拿巴再一次逍遙法外，難道他不會在那野心的無情追逐之下，為無辜的人們帶來更深的痛苦與不幸嗎？這些考量使得洛嚴陣以待，而歐洲應該要感激他的作為才是。

波拿巴的專長是軍隊指揮。他的人生目的——也許不應該說是他的樂趣——就是戰鬥。他在聖赫勒拿島當然不快樂。他需要女人隨傳隨到，他需要刺激，更重要的是，他需要事件，但是聖赫勒拿島沒有事件。他在花園裡鋤地，他試著學說寫英文，但不成功，有一張他在一八一六年三月七日寫的小紙條可以證明：「Count Lascasses. Since sixt wek, y lern the English and y do not any progres. Sixt wek do fourty and two day. If might have learn fivty word, for day, I could knowm it two thousands and two hundred.（拉卡斯伯爵，六週前我開始學英文，但都沒有任何進步。六週有四十二天，一天學五十字的話，我就學了兩千兩百字了。）他永無止盡地說著話，舉辦晚會，有時甚至還跳一支舞。他有週期性的重度憂鬱症以及病痛，主要是消化問題，但只向他的僕人表示而已。他會出門拜訪、也會有訪客。他跟英國官員玩惠斯特牌戲。他站著向海凝望，一個穿著舊灰色大衣、小小的、矮胖渾圓的身影，帽子嚴實地戴在他那濃眉之上，就像他之前佇立在戰場上那樣。

於是大家都見過他、也會描述他。一八一七年三月八日，攝政王號停泊於海島，船上有五歲大的威廉・梅克皮斯・薩克萊[3]，他剛從印度要返回英國上學，同行的還有黑人僕傭勞倫斯・巴羅。這位未來的小說家後來寫下：「（巴羅）帶我沿著岩石和山丘散步了很久，我們來到一個花園，看到有一個人在散步。『那是他，』黑人說，『那就是波拿巴，他一天吃三頭羊，還有小孩，抓到多少吃多少。』」真正遇過波拿巴的人都留下了不同的印象。將他帶到聖赫勒拿的水手喬治・柯本對他頗有好感，但對他一狼吞虎嚥完就立刻離開餐桌的不友善習慣頗有微詞。貝西・布萊亞斯，島上東印度公司代表的十四歲女兒，與這位前皇帝成了真正的朋友，雖然她指控他玩牌作弊（不是只有她做出這項指控）。貝西在一八一八年返回英國時他很難過，而她對他的記憶

3 威廉・梅克皮斯・薩克萊（William Makepeace Thackeray, 1811-1863），維多利亞時代的英國小說家。最著名的作品是《浮華世界》（*Vanity Fair*）。

則充滿了愛與親吻。她跟拿破崙三世聊過他這位有名的親戚，還獲贈阿爾及利亞的葡萄園以作為獎賞。有些訪客幸運地得到偉人的接待，都說他很友善，會問許多問題因為那是他的習慣，但不見得會傾聽答案。一八一九年之後，他越來越少現身，到了一八二〇年中期，他成了幾乎都待在家中的病人。

由於波拿巴的死已是神話中的一環，所以有必要詳細地描述。他最後一次發病期間——始於一八二一年三月十七日，到五月五日他過世為止——至少有六位醫生照料過他。他們對於治療方法各持己見，朝臣亦然。他的症狀包含了腹部腫脹、脈搏緩慢、體溫時高時低、嘔吐、咳嗽、大量出汗、頭暈、胡言亂語、打寒顫、打嗝，最後乃至於失去記憶、產生幻覺。他曾服用汞和甘汞，但那在他比較威權的時候，他拒絕服藥、甚至就醫。他也拒絕讓家人送來的兩位神父行臨終聖禮，說他沒有宗教信仰，但是他們終究還是秘密地為他做了最後的儀式。當腦筋清醒時他修改了遺囑，其中兩項意義深長。第一，他留了一萬法郎給安德烈．坎德隆，一個在一八一八年二月十一日試圖在巴黎槍殺威靈頓的老兵，後因缺乏人證而被釋放了。其二，遺囑第五段寫道：「我的死不是自然的，我是被英國寡頭政治那些人，以及他們派來的殺人犯（洛）所暗殺，不久英國人民就會為我的死展開報復行動。」

波拿巴是否真的認為他被下毒，這點值得懷疑，雖然在寫進遺囑聲明之前，他早已不斷地提出控訴。但是他在聖赫勒拿也做過許多荒唐的指控。比方說，他辱罵貝特朗夫人「是個婊子，她應該穿得像個尋常妓女的樣子走在街上。她睡過了軍營裡所有的英國軍官。」他常常以其義大利科西嘉之心，揣度他人下毒，終其一生都在指控所有敵人對他圖謀不利。但似乎他不是一個很容易毒死的傢伙。他唯一一次拿到毒藥是在一八一四年三月，他自己想要服毒自殺。那劑量——根據報導，「強到足以殺死他的兩名騎兵」——卻沒有起任何作用，這有可能是因為他的御醫尚・科維薩無能或欺騙他，也可能整個故事都是捏造的。波拿巴確然並非自殺型的人，他在一八一五年七月，完全沒有企圖自殺，雖然當時他更有理由如此做。許多研究波拿巴的歷史學家提出砒霜中毒的理論，但是關於劑量多寡他們並沒有一致的看法，而直接的科學證據也無法斷定。我們無法想像洛會在內閣的指示下動手。的確，波拿巴自己不時想到的可能殺手應該是阿多亞伯爵（也就是未來的法王查理十世），或是「白色恐怖分子」[4]、或是俄羅斯人、普魯士人。

4 這裡指的是一八一五年路易十八復辟之後，被懷疑與大革命或與拿破崙有關係的人遭到逮捕和處決。

不消說，波拿巴整個醫療史，都被對歷史有興趣的醫生們詳細檢視過了。他的一生總是險處求生，但在健康上算是幸運的人。比起同時代的人，包括納伊與威靈頓，他可能是親臨最多軍事活動、最常身處大砲與步槍射程中的人，雖然前兩者也幾乎跟他不相上下。在戰場上，起碼有十九匹馬在戰鬥時死在他座下（被他鞭策驅趕而死的就更多了）。在土倫，他的臉受了傷，還被刺刀刺進左大腿內側，（他說）這傷一直煩擾著他。他還有許多其他戰傷，但都只是皮肉之傷。他曾開玩笑說，最糟的傷是被約瑟芬的愛犬在他們大喜之夜的「戰場」上所造成的。有些關於他得過淋病（被約瑟芬傳染）以及梅毒的故事，但並沒有直接證據。

波拿巴顯然害怕他會跟父親一樣死於胃癌。他一輩子都在抱怨腹痛。他飲食節制，而且喝稀釋過的葡萄酒。但另一方面，如果可以的話，他會狼吞虎嚥，十分鐘吃完一餐。在他活躍的一生中，大量的活動都是在馬匹上進行的。然而，大約三十歲之後，他開始發福，身體呈現一種蒼白粉紅的肥胖體態，在他人生最後階段變得益發明顯，人們甚至將他比做中國豬。數次於交歡時陷入昏迷（女人們埋怨他熱烈地交配，但是很快完事且對她們毫不關心）。他有間歇性的胸腔毛病，但沒有肺結核的徵兆，此病是當時青壯年的第二大死因。大約一八一〇年之後他開始泌尿不順，這在遠征俄國以及百日王朝期間都讓他很痛苦。在聖赫勒拿島居留的一開始，他就埋怨便秘、胃痛、嘔吐的問題，但最大的難處是排尿。的確，他有幾次被發現倚在牆邊或樹旁試著要排尿，人們聽見他呻吟：「這是我的死穴——有一天它會殺了我。」

波拿巴是由佛羅倫斯的醫生佛朗西斯科・安托馬契正式宣布死亡。他接著在五位英國外科醫生米契爾、李文斯通、阿諾特、貝頓以及秀爾特的陪同與簽署下，完成了一份驗屍報告，還有第六位醫生亨利，報告由他起草，但因為過於資淺，所以沒有簽名。他們的結論是，波拿巴死於胃裡一個癌性潰瘍或正是惡性腫瘤。他們達成此一結論時並不知道死者的父親也遭遇同樣的宿命。安托馬契拒絕簽署此一報告，他寫了自己的版本，暗示死因可能是由肝炎引發的肝腫大。兩份報告都描述了身體的狀況：牙齒很健康，但因為嚼甘草而染黑了；左腎比右腎大了三分之一；膀胱很小而且有結石，增厚的黏膜上有無數個紅斑。假使有做尿道切片的話（有一個理論是這樣說的），或許就能看到一個小小的圓形疤痕，即使是小結石也無法通過。那應該就是波拿巴在三十歲後期開始在健康與表現上緩慢退步的關鍵。這是醫生所謂的「陰性化」軀體——也就是說，體內布滿肥厚的脂肪層，體毛稀少，胸部與陰阜豐滿，肩狹臀寬，生殖器小。對於這些發現、其意義與可信度，每個人都可以做出自己的判斷。

波拿巴的死訊在七月三日傳到了倫敦。喬治四世被告知：「啟稟陛下，您最大的敵人已經死了。」他回答道：「她死了嗎？天啊！」（他以為是多病的卡洛琳王后。）威靈頓隔天在巴黎的一場宴會裡接到消息，塔列朗也在場。有人聽聞此訊大叫一聲：「真是大事件啊！」塔列朗冷冷地回應：「不，這不是事件，只是一則新聞。」威靈頓的朋友阿巴斯諾特夫人在七月四日的日記寫下：「威靈頓公爵來訪，他說：『現在我想我可以說是在世的人當中最成功的將軍了。』」

拿破崙．波拿巴的死，並沒有延續太長的新聞熱潮。據說他最後的一句話是「統領軍隊」，他以軍人身分下葬，穿著他最愛的禁衛騎兵的綠制服，以及他在馬倫戈所穿過的那件有名的灰大衣。他安葬在魯伯特谷，一個美麗的地方，標示墓地的墓碑只刻了「這裡躺著」，因為法國人跟英國人在墓誌銘上無法達成協議。如果這簡單的墳墓就這樣不被打擾地留在那裡，也許對整個世界包含法國，都是比較好的。因為如果波拿巴是以一個被擊敗的受害者身分死去的話，那麼拿破崙很快地就會以一個不朽的神話、勝利的軍人以及模範統治者的角色崛起。復辟的波旁王朝一直不受歡迎，一八三〇年遭到一群巴黎暴民驅逐出境。而即使波旁王朝也無法阻止拿破崙產業的浮現。拉卡斯《聖赫勒拿島回憶錄》（一八二二至二三年）的出版為此產業揭開序幕。這冊旋即造成轟動的流放紀錄充滿了錯誤與誇大，但卻成功地為一個被侏儒綑綁的受創巨人引發了同情心。其他依循著相同「策略」、由古爾戈、蒙特龍以及貝特朗編寫的回憶錄也陸續出版。由皮耶．尚．貝朗傑領軍的詩壇馬上參一腳：《人民的記憶》於一八二八年登場，是對輝煌歲月的緬懷。而本來是歡迎波旁王朝復辟的維克多．雨果卻換邊站，開始書寫熱情的詩歌來誦讚拿破崙，以一八二七年的《棟樑頌》打先鋒。很快地，幾乎所有重要的法國文壇勢力都勤勉地運作起來，而頗有影響力的巴黎印刷業也以粗製濫造的方式印行拿破崙一生成就的彩圖歷史，賣出數萬冊，窮人爭相收藏，也成為好幾代法國兒童的歷史入門書。

這一切都在為正式的平反鋪路──或應說是頌揚。路易．菲利普在一八三〇年接續了波旁王朝的王位，意味深長地自稱為「法蘭西人的國王」，走的是拿破崙民粹主義的路子。一八三三年他將拿破崙的雕像放回巴黎凡登廣場的柱子頂端。也同樣在一八三〇年，輝格黨終於撵走威靈頓政府，在英國取得政權。波拿巴在遺囑中要求葬於塞納河畔，如今已成為部長的荷蘭爵爺，不斷地催促著這個遺願應該被尊重。一八四〇年，英國政府終於同意了，遺體被挖了出來。路易．菲利普派了兒子法蘭斯瓦以戰艦前去接領遺骸，至此法國全國上下都稱死者為「皇帝」。一八四〇年十二月一場別開生面的喪禮在巴黎舉行，之後遺體被送到由路易十四所興建的歷史建築，後由波拿巴自己改造成軍事聖殿的傷兵醫院。接下來的二十年，自古以來最豪奢的紀念塚就在那穹頂之下籌備起來，為了要榮耀那「有史以來最偉大的軍人」。在那充斥觀光味的巴黎、那棟視覺極其震顫的建築物裡，光線戲劇感十足地灑在靈柩上——鄙俗無誤，但很壯觀而且令人難忘。

一八五一年十二月，這則傳說在歷史上產生了首次主要的衝擊。波拿巴的姪子路易-拿破崙以其伯父的作風發動政變，消費了這則傳奇，並在隔年自封為「法蘭西人的皇帝」。此後，拿破崙產業就得到官方的支持與財務奧援。

報紙若出現「那位矮下士」以及「那灰色的罩袍」此類標題便會大發利市。在拿破崙三世一聲令下，二十八鉅冊的波拿巴記載文獻，再加上他在聖赫勒拿島的三卷文字，以及由其遺囑和每日敕令所組成的最後一冊，在一八五八到七〇年間出版，許多卓越的法國作家都參與了這項鉅大的工程。也有人提出異議。一開始偏向波拿巴應該要被平反的拉馬丁，抗議這個他稱為「拿破崙宗教，這個對軍事力量的膜拜滲入了國家精神，取代了真正的自由的宗教」。但大多數人在這個象徵偉大法國的傳奇人物之前屈膝膜拜——而這偉大正快速褪色中。在色當一役慘敗之後，第二個拿破崙帝國瓦解——讓人想起馬克思的警語「歷史總是重覆自己，第一次是悲劇，第二次是鬧劇。」——卻只更增強了鄉愁般的渴望，引人緬懷拿破崙帝國統治世界的舊日時光。因此克里蒙梭的第三共和、貝當的維琪政權、充滿著存在主義式混亂的第四共和以及戴高樂的第五共和，都曾在墓前跪拜、崇敬墓中人。

拿破崙崇拜的廣為流傳長久觀之，更嚴重的可能是它生了個野獸後裔。原本期望英國人能在這一片騷亂中修復理性、平衡以及真理，事實上他們卻反其道而行。在英國，此崇拜始於一八二二年歐瑪拉的《聖赫勒拿回憶錄》，此書頌揚波拿巴而詆毀洛。這位被觸怒的前總督，將他的餘生與積蓄都虛擲在揭發歐瑪拉的謊言上。沒人讀赫茲里的聖徒傳，但數以千計的人買了華特·史考特的《拿破崙的一生》，雖然具批判性，但是也用了「受創巨人」的主題，來為這垮台的偉大事蹟促銷憐憫。[5]其他人更進一步。十九世紀美國最受歡迎、最有影響力的作家愛默生，讚美波拿巴是「中產階級的代言人或法定代理人」，並且表彰他為令人敬佩的「白手起家」者的原型（這個詞於是流行起來）。「自助」概念的傳教士山謬·司麥爾斯，以他為至高的模範而為他喝采。

5 赫茲里與史考特兩人都寫了拿破崙傳記，兩本傳記的比較見第四章註十一。

貝洛克、卻斯特頓、哈代以及蕭伯納都分別盛讚傳奇的拿破崙為「歐洲的救世主」、人民的皇帝，以及真正的超人。

回顧歷史，英國最重要的拿破崙主義者當屬湯瑪斯·卡萊爾，在他一八四一年著名的講稿《英雄與英雄崇拜》中，他將波拿巴放在舞台的中央。如同大多數的作家一樣，卡萊爾勉強承認波拿巴有致命的道德缺陷，也毀了他自己，但是他仍然是「真正的民主派」、「我們的最後一位偉人」。對於波拿巴的崇拜，讓他著手撰寫腓特烈二世的傳記鉅著，這本書在德國起了滲透性的振奮效果。在一九四五年的柏林地堡那最後的日子裡，戈培爾就是唸這本書給希特勒聽，互相慰藉。在海涅這位德國最受歡迎的抒情詩人的詩句中，波拿巴神話、這堅強的領導者、馬背上的男人，在德國找到了落腳處。其舊時偶像黑格爾所構想出的全能國家，如今成了馬克思主義與納粹極權主義的主幹思想。墨索里尼，一位像拿破崙三世行騙於江湖的獨裁者，帶有一點拿破崙的氣質，尤其表現在他對於古羅馬的膜拜以及他那無盡的廊柱上。希特勒的建築師亞伯特·斯佩爾，這位「魔法師的學徒」也是波拿巴主義者，他和其主子的關係跟德農與皇帝的關係有著奇妙的相似處。在悲慘的二十世紀，每一位獨裁者——從列寧、史達林、毛澤東到小型暴君如金日成、卡斯楚、裴隆、門格斯圖、海珊、齊奧塞斯庫以及格達費——都很明顯地呼應著拿破崙式的原型。有趣的是，波拿巴終其一生都無法摧毀歐洲的王位世襲主義，最後促成的維也納會議則重新鞏固了王位世襲制度，其堅不可摧、又持續了一個世紀之久，直到第一次世界大戰，自己走向滅亡之路。確然，波拿巴主義的巨大罪惡——戰爭與武力的神祇化、全能與集權的國家、以文化造勢活動來神化獨裁者、指揮整個民族去追求個人與意識形態的權力——在二十世紀終於達到了令人可恨的成熟，這將會被歷史記錄為一個惡名昭彰的時代。關於這樣一位為這一切立下榜樣的人，我們要記得它的真相、要剝除迷思，以彰顯真實。我們得重新學習歷史的中心命題：如果少了一顆謙卑和知錯悔悟的心，所有的偉大、軍事與行政的形式，所有國家與帝國的構成，都是空談，還可能極端危險。

艾曼紐 Emmanuel de Las Cases
亨利・貝特朗伯爵將軍 General Count Henry Bertrand
貝瑞・歐瑪拉 Barry O'Meara
哈德遜・洛 Hudson Lowe
巴斯爵級司令勳章 Knight Commander of the Order of the Bath
巴瑟斯特伯爵 Earl Bathurst
貝索・傑克森 Basil Jackson
卡拉布里亞 Calabria
約翰・潘・柯芬准將 Brigadier John Pine Coffin
朗伍德 Longwood
威廉・梅克皮斯・薩克萊 William Makepeace Thackeray
勞倫斯・巴羅 Lawrence Barlow
喬治・柯本 George Cockburn
貝西・布萊亞斯 Betsy Briars
安德烈・坎德隆 André Cantillon
尚・科維薩 Jean Corvisart
阿多亞伯爵（查理十世）comte d'Artois (Charles X of France)
佛朗西斯科・安托馬契 Francesco Antommarchi
米契爾 Charles Mitchell
李文斯通 Matthew Livingstone
阿諾特 Archibald Arnott
貝頓 Francis Burton
秀爾特 Thomas Shortt
亨利 Walter Henry
卡洛琳王后 Queen Caroline (Caroline of Brunswick)
阿巴斯諾特夫人 Mrs. Arbuthnot
魯伯特谷 Rupert Valley
《聖赫勒拿島回憶錄》*Memorial de Saint-Hélène*
皮耶・尚・貝朗傑 Pierre-Jean de Béranger
《人民的記憶》*Souvenirs du peuple*
《棟樑頌》*Ode de la Colonne*
凡登廣場 Place Vendôme
拉馬丁 Alphonse de Lamartine
色當 Sedan
克里蒙梭 Georges Clemenceau
貝當 Philippe Pétain
愛默生 Ralph Waldo Emerson
山謬・司麥爾斯 Samuel Smiles
貝洛克 Hilaire Belloc
卻斯特頓 G. K. Chesterton
哈代 Thomas Hardy
蕭伯納 Bernard Shaw
《英雄與英雄崇拜》*Heroes and Hero Worship*
列寧 Vladimir Lenin
史達林 Joseph Stalin
裴隆 Juan Perón
門格斯圖 Mengistu Haile Mariam
海珊 Saddam Hussein
齊奧塞斯庫 Nicolae Ceaușescu
格達費 Muammar Gadhafi

羅斯塔普欽 F. V. Rostopchin
路易－尼可拉・達武 Louis-Ncolas Davout
別列津那河 Berezina
涅曼河 Neman
《總匯通報》*Moniteur*
路易・科蘭古 Louis Caulaincourt
魯斯塔姆 Rustam
法蘭茲皇帝 Francis II
呂岑 Lützen
布呂歇爾 Gebhard Leberecht von Blücher
易北河 Elbe
歐得河 Oder
伊利里亞 Illyria
卡爾・波普 Karl Popper
卡斯柏・大衛・佛德列希 Caspar David Friedrich
佛德列希・馮・布林肯上校 Colonel Friedrich von Brincken
《霧海上的旅人》*Wanderer above the Sea of Fog*
《基督教真諦》*Le Génie du christianisme*
格哈德・沙恩霍斯特 Gerhard Scharnhorst
奧古斯特・格奈森瑙 Augustus Wilhelm Gneisenau
阿登高地 Ardennes

✣ 第六章 ✣

卡爾・羅伯・涅梭羅 Karl Robert Nesselrode
費拉約港 Portoferraio
馮奈伯格將軍 General Count von Neipperg
嘉德勳章 Order of the Garter
昂蒂布 Antibes
坎城 Cannes
格諾伯勒 Grenoble
馬賽 Marseilles
拉夫雷 Laffrey
奧塞爾 Auxerre
根特 Ghent
埃曼努爾・格魯西 Emmanuel de Grouchy
滑鐵盧 Waterloo
那慕爾 Namur
沙勒諾瓦 Charleroi
桑布爾河 Sambre
夸特布拉斯 Quatre Bras
布萊 Brye
阿克斯布里奇勛爵 Lord Uxbridge
里奇蒙公爵夫人 Duchess of Richmond
利尼 Ligny
戴爾隆伯爵 Comte d'Erlon
「神聖的圍籬」La Haye Saint (the sacred hedge)
湯瑪斯・克里維 Thomas Creevey
羅歇福港 Port of Rochefort
艾克斯島 Île d'Aix
普利茅斯 Plymouth
諾森柏蘭艦 HMS Northumberland

✣ 第七章 ✣

路易・馬雄 Louis Marchand
查爾斯・德・蒙特龍侯爵 Marquis Charles de Montholon
加斯柏・古爾戈將軍 General Gaspar Gourgaud
約瑟夫・德・拉卡斯伯爵 count Joseph de Las Cases

希姆萊 Heinrich Himmler
貝利亞 Lavrentiy Beria
尚－巴提斯・貝納多 Jean-Baptiste Bernadotte
約瑟夫・戈培爾 Joseph Goebbels
亞伯特・斯佩爾 Albert Speer
安德烈・馬爾羅 André Malraux
里沃利大道 rue de Rivoli
亞歷山大・布荷尼亞 Alexandre Brogniart
瑪黑索餐盤 Service des Maréchaux
爵士漢弗萊・戴維 Sir Humphry Davy
約瑟夫國王 King Joseph of Spain
普拉多 Prado
行政官邸大樓 Procuratie
黎塞留 Armand Jean du Plessis de Richelieu
馬札蘭 Jules Cardinal Mazarin
寇伯特 Jean-Baptiste Colbert
黑斯卡塞爾 Hesse-Cassel
布倫瑞克 Brunswick
漢諾瓦 Hanover
薩克森 Saxony
西伐利亞王國 Wesphalia
艾克斯泰 Eichstadt
巴達維亞共和國 Batavian Republic
奧倫治家族 House of Orange
加斯科涅 Gascony
柏格與克萊夫的大公爵 Grand Duke of Berg and Cleves
里坡拿女伯爵 Countess of Lipona
德希蕾・克拉里 Désirée Clary
華沙大公國 the Grand Duchy of Warsaw
安多歇・朱諾 Andoche Junot
阿布朗特公爵 Duke of Abrantes
傑哈・杜洛克 Géraud Duroc
弗柳爾公爵 Duke of Frioul
奧古斯特・馬爾蒙 Auguste Marmont
拉古薩公爵 Duke of Ragusa
尚・拉納 Jean Lannes
尼古拉斯・尚・德迪烏・蘇爾特 Nicolas Jean de Dieu Soult
尼可拉－夏爾・烏迪納 Nicolas Charles Oudinot
法蘭斯瓦－約瑟夫・樂福佛 François-Joseph Lefebvre
路易－菲利普 Louis-Philippe
《十年流放》*Dix annees d'exil*
賈克・內克爾 Jacques Necker
皮耶・歐傑侯 Pierre Augereau

✣ 第五章 ✣

米蘭敕令 Milan Decrees
大陸封鎖政策 Continental System
特里亞農敕令 Trianon Decrees
查理五世 Charles V
腓力二世 Philip II
弗里德蘭 Friedland
塔霍河 Tagus
加泰隆尼亞 Catalonia
卡斯提爾 Castile
約翰・摩爾爵士 Sir John Moore
科魯尼亞 Corunna
瓦格蘭 Wagram
涅瓦河 Neva
兵團協同方陣 bataillon carré
博羅金諾村 Borodino
斯摩稜斯克 Smolensk

✣ 第四章 ✣

霍洛芬斯 Holofernes
瓦萊斯基伯爵 Count Walewski
瑪麗亞・瓦萊斯卡伯爵夫人 Countess Maria Walewska
亞歷山大・瓦萊斯基伯爵 Count Alexandre Walewski
羅曼諾夫皇室 Romanovs
瑪麗・露意莎 Marie-Louise
皮耶・保羅・普呂東 Pierre-Paul Prud'hon
畢德麥爾 Biedermeier
馬勒梅松 Malmaison
安特衛普 Antwerp
波茨坦 Potsdam
亨利・奧古斯都 Henri August
帕爾馬 Parma
紹恩堡將軍 General Schauenberg
下瓦爾登 Nidwalden
翠斯特 Trieste
朗克爾 Roncole
路易－安東・佛浮列・布希安 Louis-Antoine Fauvelet de Bourrienne
利物浦爵爺 Robert Banks Jenkinson, Lord Liverpool,
騷塞 Robert Southey
《對法國大革命的反思》*Reflections on the Revolution in France*
《納爾遜的一生》*Life of Nelson*
查爾斯・威廉・帕斯理 Captain Charles William Pasley
《記事晨報》*Morning Chronicle*
蕭伯納 George Bernard Shaw
碧翠斯・韋伯 Beatrice Webb
悉尼・韋伯 Sidney Webb
諾曼・梅勒 Norman Mailer
菲德爾・卡斯楚 Fidel Castro
尚－保羅・沙特 Jean-Paul Sartre
查爾斯・蘭姆 Charles Lamb
威廉・赫茲里 William Hazlitt
《拿破崙的一生》*The Life of Napoleon Buonaparte*
俾斯麥 Otto von Bismarck
鐵血政策 Blood-and-iron
第三帝國 Third Reich
費迪南・里斯 Ferdinand Ries
埃爾富特 Erfurt
薩佛納里織錦 Savonnerie tapisseries
歐布松 Aubusson
卡塞爾 Kassel
約翰內斯・馮・穆勒 Johannes von Müller
腓特烈大帝 Frederick the Great
格林 Jacob Grimm
皮耶－安東・達呂將軍 General Pierre-Antonie Daru
高乃伊 Pierre Corneille
皮耶－路易・羅德黑 Pierre-Louis Roederer
雷姆莎夫人 M adame de Remusat
皮耶・貝爾 Pierre Bayle
《歷史批判辭典》*Dictionnaire Historique et Critique*
孟德斯鳩 Montesquieu
《法意》*De l'esprit des lois*
亞當・斯密 Adam Smith
《國富論》*Wealth of Nations*

威廉・漢米爾頓爵士 Sir William Hamilton
艾瑪・漢米爾頓 Emma Hamilton
路易・德賽將軍 Louis Desaix
《埃及的旅行》*Voyages dans la basse et la haute egypte*
《埃及記述》*Description de l'Égypte*
《康普魯頓合參本聖經》*Complutensian Polyglot Bible*
塞弗爾 Sèvres
愛普利斯宅邸 Apsley House
米榭・納伊 Michel Ney
約瑟夫・席耶 Joseph Sieyès
查理－莫里斯・塔列朗 Charles Maurice de Talleyrand
約瑟夫・富歇 Joseph Fouché
霧月十八政變 Coup of 18 Brumaire
聖克魯 Saint-Cloud
大聖伯納山口 Great Saint Bernard Pass
馬倫戈 Marengo
霍恩林登 Hohenlinden
呂內維爾和約 Treaty of Lunéville
亞眠和約 Treaty of Amiens
樞機主教費許 Cardinal Fesch
教宗庇護七世 Pope Pius VII
里奧十世 Leo X
法蘭斯瓦一世 François I
德雷佛斯事件 Dreyfus case
皮歇格魯 Jean-Charles Pichegru
喬治・卡督達爾 Georges Cadoudal
維克多・摩羅將軍 Victor Moreau
昂基安公爵 duc d'Enghien

✣ 第三章 ✣

拜倫 George Gordon Byron
哈布豪斯 John Hobhouse
史丹厚普爵爺 Lord Stanhope
亞斯本 Aspern
羅勃・富爾頓 Robert Fulton
亨利・夏拉普諾 Henry Shrapnel
伍利奇 Woolwich
多明尼克・尚・拉雷 Domenique-Jean Larrey
皮耶・法蘭斯瓦・貝西 Pierre-François Percy
大軍 Grande Armée
亞歷山大・伊凡 Alexandre Yvan
萊奧本 Leoben
威廉・皮特 William Pitt (the Younger)
亨利・艾丁頓 Henry Addington
惠特沃思爵爺 Charles Whitworth
奧斯特里茨 Austerlitz
庫圖佐夫 M. I. Kutuzov
普雷斯堡和約 Peace of Pressburg
薩爾菲德 Saalfeld
耶拿 Jena
奧爾施塔特 Auerstadt
呂貝克 Lübeck
埃勞 Eylau
柯尼斯堡 Königsberg
提爾西特和約 Treaty of Tilsit
瓦格拉姆 Wagram
申布倫和約 Treaty of Schönbrun
李・亨特 Leigh Hunt
《考察家報》*Examiner*

杜勒麗王宮 Tuileries Palace
聖洛克教堂 Church of Saint Roch
布赫格利將軍 Victor-François, 2nd duc de Broglie
湯瑪斯・卡萊爾 Thomas Carlyle
拉扎爾・卡諾 Lazare Carnot
克勞德・夏普 Claude Chappe
里爾 Lille
赫伯特・巴特菲爾德 Herbert Butterfield
喬治・梅瑞迪斯 George Meredith
哈布斯堡 Habsburgs
路易・貝爾提耶 Louis Berthier
安德烈・馬塞納 André Masséna
皮埃蒙特 Piedmontese
蒙特諾特 Montenotte
蒙多維 Mondovi
科多格諾 Codogno
洛迪 Lodi
波河 Po
斯湯達爾 Stendhal, Marie-Henri Beyle
《紅與黑》*Le Rouge et le noir*
倫巴第 Lombardy
阿爾柯拉 Arcola
阿爾朋河 Alpone
里沃利 Rivoli
曼圖亞 Mantua
波隆那 Bologna
費拉拉 Ferrara
雷吉歐 Raggio
莫地那 Modena
奇斯帕達納共和國 Cispadane Republic
坦斯帕達納共和國 Transpadane Republic
奇薩爾皮尼共和國 Cisalpine Republic
利古里亞共和國 Ligurian Republic
蒙地貝羅 Montebello
坎波福爾米奧條約 Treaty of Compo Formio
奧屬尼德蘭 Austrian Netherlands
愛奧尼亞群島 Ionian Islands
馬拉特人 Marathas
提普蘇丹 Tipu Sahib
紀堯姆・布律納 Guillaume Brune
巴特勒尼・儒貝爾 Barthélemy-Catherine Joubert
賈克・路易・大衛 Jacques-Louis David
安東尼・尚・格羅 Antoine-Jean Gros
聖文森伯爵 John Jervis, Earl of St Vincent
馬爾他騎士團 Knights of Malta
亞歷山卓港 Alexandria
馬木魯克 Mamluk
金字塔戰役 Battle of the Pyramids
寶琳・弗荷 Pauline Fourès
迦薩 Gaza
雅法 Jaffa
悉尼・史密斯上將 Admiral Sidney Smith
阿克雷港 Acre
西奈沙漠 Sinai desert
甘同上將 Admiral Ganteaume
巡航艦「謬宏」及「卡瑞耶」Muiron, Carrière
尚・巴提斯・克萊貝爾 Jean-Baptiste Kléber
羅賽塔石碑 Rosetta Stone
尚・弗朗索瓦・商伯良 Jean-François Champollion
維旺・德農 Vivant Denon

瓦倫斯 Valence
溫斯頓・邱吉爾 Winston Churchill
柏拉圖 Plato
《共和國》(又譯為《理想國》或《國家篇》) *Republic*
布封 George-Louis Leclerc, Comte de Buffon
《自然史》*Histoire naturelle*
伏爾泰 François-Marie Arouet, Voltaire
詹姆斯・麥可菲生 James Macpherson
輝格黨 Whigs
雅各賓派 Jacobins
傑佛遜 Thomas Jefferson
亞當斯 John Adams
伯克 Edmund Burke
福克斯 Charles James Fox
拉法葉 Gilbert du Motier, Marquis de Lafayette
狄德羅 Denis Diderot
百科全書派 encyclopédistes

✣第二章✣

維克多・雨果 Victor Hugo
亞歷山大・漢密爾頓 Alexander Hamilton
約瑟夫二世 Joseph II
克倫威爾 Oliver Cromwell
歐克索納 Auxonne
吉倫特內閣 Girondin ministry
旺代 Vendée
《博凱爾晚餐》*Le Souper de Beaucaire*
土倫 Toulon
馬爾蒙 Auguste Frédéric Louis Viesse de Marmont
蘇歇 Louis Gabriel Suchet
朱諾 Jean-Andoche Junot
德賽 Louis Charles Antoine Desaix
維克多 Victor Claude Victor-Perrin
杜泰爾將軍 Jean- Pierre Du Teil
特里威廉 G. M. Trevelyan
喬治・丹敦 Georges Danton
馬克西米連・羅伯斯比爾 Maximilien de Robespierre
奧古斯丁・羅伯斯比爾 Augustin de Robespierre
吉博伯爵 Jacques-Antoine-Hippolyte, Comte de Guibert
皮耶－約瑟夫・布爾塞 Pierre-Joseph Bourcet
《新式火砲的運用》*L'usage de l'artillerie nouvelle*
格利包佛爾 Jean-Baptiste Vaquette de Gribeauval
皮耶・杜梅比翁將軍 Pierre Jadart Dumerbion
薩伏依 Savoy
代戈 Dego
國民公會 National Convention
保羅・德・巴哈斯子爵 Vicomte Paul de Barras
督政府 Directory
瑪麗－約瑟芬－蘿絲・塔契・德拉帕熱利 Marie-Josèphe-Rose Tascher de la Pagerie
亞歷山大・德・博阿赫內 Alexandre de Beauharnais
歐仁・德・博阿赫內 Eugène de Beauharnais

中外名詞對照

引言

拿破崙・波拿巴 Napoleon Bonaparte
維也納會議 Congress of Vienna
喬治・華盛頓 George Washington

第一章

科西嘉島 Corsica
阿亞修城 Ajaccio
厄爾巴島 Elba
聖赫勒拿島 Saint Helena
威靈頓公爵 Arthur Wellesley, Duke of Wellington
卡斯雷爾子爵 Robert Stewart, Viscount Castlereagh
夏多布里昂 François-René de Chateaubriand
斯達爾夫人 Madame de Staël, Anne Louise Germaine de Staël-Holstein
華茲華斯 William Wordsworth
柯爾律治 Samuel Taylor Coleridge
貝多芬 Ludwig van Beethoven
第一執政 First Consul
黑格爾 Georg Wilhelm Friedrich Hegel
史列格爾 August Wilhelm Schlegel
安德魯・傑克森 Andrew Jackson
約翰・昆西・亞當斯 John Quincy Adams
喬治・坎寧 George Canning
梅特涅 Klemens von Metternich
華特・史考特爵士 Sir Walter Scott
博塔尼灣 Botany Bay
庫克船長 Captain James Cook
澳大拉西亞 Australasia
愛德華・里爾 Edward Lear
熱那亞 Genoa
巴斯提亞 Bastia
卡爾維 Calvi
邦尼法修 Bonifaccio
尚－賈克・盧梭 Jean-Jacques Rousseau
《社會契約論》*Du contrat social*
詹姆斯・包斯威爾 James Boswell
約翰遜博士 Dr. Samuel Johnson
帕斯夸雷・保利 Pasquale Paoli
卡羅・馬利歐・達・博歐拿巴 Carlo Mario da Buonaparte
萊蒂西 Letizia
納爾遜 Horatio Nelson
柏勒羅豐號 HMS Bellerophon
馬必夫伯爵 Comte de Marbeuf
歐坦 Autun
布希安 Brienne
拉斐爾砲兵團 La Fère regiment of artillery
巴希奧奇親王 Prince Bacciochi
皮翁彼諾親王 Prince of Piombino
查爾斯・勒克萊爾 Charles Leclerc
卡米洛・博蓋塞 Camillo Borghese
安東尼奧・卡諾瓦 Antonio Canova
約阿辛・穆哈 Joachim Murat

✣ 1808.5.2	馬德里發生暴動，民眾群起反抗本是盟友的法軍，漫長的半島戰爭開始。
✣ 1808.9.27	埃爾富特諸侯會議，拿破崙與沙皇亞歷山大一世出席。
✣ 1809.4.10	第五次反法同盟成立。
✣ 1809.5.22	亞斯本之役法軍無法取得勝利，咸認拿破崙第一次重大失敗。
✣ 1809.7.6	瓦格拉姆之役法軍大勝。7.12奧軍簽署停戰協定。
✣ 1809.10	申布倫和約簽訂，結束第五次反法同盟。
✣ 1810.3.11	拿破崙與奧地利公主瑪麗－露意莎結婚。
✣ 1812	第六次反法同盟成立。
✣ 1812.6.18	美國因英國對法實施貿易禁運而對英宣戰，又稱「第二次獨立戰爭」。
✣ 1812.6.24	拿破崙大軍越過涅瓦河入侵俄羅斯。
✣ 1812.9.7	法軍在博羅金諾之役慘勝。9.14拿破崙進攻莫斯科，莫斯科市長羅斯塔普欽下令焚城。10.19法軍撤出莫斯科。12.14法軍敗離俄羅斯。
✣ 1813.10.16	萊比錫之役被稱為「民族的戰役」，雙方死傷慘重，拿破崙被迫撤離。
✣ 1814.4.6	拿破崙正式放棄法國與義大利的王位。4.11簽訂方騰布婁條約，波旁王朝復辟，路易十八即位。結束第六次反法同盟。
✣ 1814.4.28	拿破崙在英國巡防艦無畏號護送下啟程，5.4抵達流放地厄爾巴島。
✣ 1815.2.18	英美「一八一二年戰爭」結束。
✣ 1815.2.26	拿破崙從厄爾巴島離開，三天後抵達昂蒂布。3.20拿破崙重回巴黎，展開「百日王朝」。第七次反法同盟成立。
✣ 1815.6.15	滑鐵盧戰役展開。6.18法軍潰逃。6.21拿破崙被迫下台。
✣ 1815.7.15	拿破崙踏上柏勒羅豐號，10.17抵達流放地聖赫勒拿島。
✣ 1821.5.5	拿破崙去世，享年五十二歲。

✣ 1798.7.1	拿破崙的埃及遠征軍抵達亞歷山卓港。
✣ 1798.7.21	拿破崙在金字塔戰役大獲全勝。7.24 抵達開羅。
✣ 1798.8.1	納爾遜在尼羅河戰役摧毀了法國艦隊。
✣ 1799.3.3	法軍圍攻土耳其帝國城市雅法，3.7 城陷。
✣ 1799.3.20	法軍圍攻阿克雷港，久攻不下，拿破崙第一次打敗仗。5.21 撤軍。
✣ 1799.11.9	發生霧月政變，督政府遭推翻，執政府成立，拿破崙任第一執政。
✣ 1800.5	拿破崙親率五萬大軍穿越大聖伯納山口，再度遠征義大利。
✣ 1800.6.14	法軍在馬倫戈之役大勝奧軍。
✣ 1801.2.9	法奧簽訂呂內維爾條約，3.25 法英簽訂亞眠和約，結束第二次反法同盟。
✣ 1802.8.4	拿破崙成為終身執政。
✣ 1803	第三次反法同盟成立。
✣ 1803.7.4	美國以一千五百萬美元買下法屬路易斯安那。
✣ 1803.11	皮歇格魯、卡督達爾、摩羅將軍等保皇黨人密謀暗殺拿破崙失敗。
✣ 1804.3.21	《拿破崙法典》(《民法典》) 頒布實施。
✣ 1804.5.4	參議院通過決議，宣告拿破崙成為世襲的「法蘭西人的皇帝」，頭銜為「拿破崙一世」。11.6 公民投票表決通過。12.2 登基大典在聖母院舉行。
✣ 1805.10.21	特拉法加之役，納爾遜大敗法西聯合艦隊，但中彈陣亡。
✣ 1805.12.2	奧斯特里茨之役，法軍大敗奧俄聯軍，被認為是拿破崙最輝煌的勝利之戰。
✣ 1805.12.26	法奧簽訂普雷斯堡和約，結束第三次反法同盟。
✣ 1806	第四次反法同盟成立。
✣ 1806.10.10	法軍在薩爾菲德，10.14 在耶拿、奧爾施塔特，11.3 在呂貝克擊垮所有普魯士主力。
✣ 1807.2.8	埃勞會戰，6.14 弗里德蘭之役，法軍贏得決定性勝利。
✣ 1807.7.7	普俄與法國簽訂提爾西特和約。7.9 西伐利亞王國成立，由傑霍姆出任國王。結束第四次反法同盟。
✣ 1807.11-12	拿破崙發布兩次「米蘭敕令」，展開大陸封鎖政策。
✣ 1807.11.19	法軍入侵葡萄牙，面臨葡國人民與葡國盟友英國的挑戰。

✣ 1792.8.30	拿破崙升為上尉。
✣ 1792.9.21	國民公會組成，廢除君主制，第一共和成立。
✣ 1793.1.21	路易十六上了斷頭台。
✣ 1793.2-3	法國陸續對英國、荷蘭以及西班牙宣戰。
✣ 1793.4	科西嘉爆發內戰，建立了盎格魯－科西嘉王國，國王為英王喬治三世。
✣ 1793.7.28	拿破崙在博凱爾和四名商人對話並呼籲停止內戰，後來出版了小冊子《博凱爾晚餐》。
✣ 1793.10.16	路易十六的皇后瑪麗上了斷頭台。
✣ 1793.12.16	拿破崙率領法軍突襲保皇黨控制的土倫港。
✣ 1794.7.27	熱月政變爆發，羅伯斯比兄弟上了斷頭台，雅各賓派的恐怖統治結束。
✣ 1794.9.21	拿破崙在代戈打贏奧地利，這是他負責的第一場野戰。
✣ 1795.10.5	發生葡月暴動，國民公會解散，督政府成立。
✣ 1795.10.25	國立學院成立。
✣ 1796.3.9	拿破崙與約瑟芬舉行婚禮。
✣ 1796.4.2	拿破崙揮軍進入義大利。
✣ 1796.10.16	拿破崙進佔波隆那，扶植奇斯帕達納共和國。
✣ 1796.10.19	法國重新佔領科西嘉，盎格魯－科西嘉王國覆滅。
✣ 1796.11.15	拿破崙攻佔米蘭，扶植坦斯帕達納共和國。
✣ 1797.1.14	拿破崙贏得里沃利一役，哈布斯堡王朝從義大利撤退。
✣ 1797.6.14	拿破崙入侵威尼斯，扶植利古里亞共和國。
✣ 1797.7.15	奇斯帕達納共和國與坦斯帕達納共和國合併成為奇薩爾皮尼共和國。
✣ 1797.7.17	督政府與奧地利簽訂《坎波福爾米奧條約》，結束第一次反法同盟。
✣ 1798	第二次反法同盟成立。
✣ 1798.6.11	拿破崙佔領馬爾他，騎士團從此失去領土。

✣ 拿破崙和他的時代 ✣

✣ 1729	科西嘉在帕斯夸雷・保利的父親路易奇帶領下展開獨立戰爭。
✣ 1756-1763	七年戰爭導致法國財政困難。
✣ 1768	拿破崙長兄約瑟夫出生。
✣ 1768	熱那亞王國與法國簽訂凡爾賽條約，將科西嘉售予法國。
✣ 1769.8.15	拿破崙出生。
✣ 1774.5.10	路易十六即位。
✣ 1775	拿破崙大弟呂西安出生。
✣ 1776.7.4	由北美十三州召開的大陸會議通過《獨立宣言》。
✣ 1777	拿破崙大妹艾利薩出生。
✣ 1778	拿破崙二弟路易出生。
✣ 1778.2.6	法國與美國簽訂同盟條約，宣布對英開戰。
✣ 1778.12	拿破崙取得就讀法國皇家軍事學校的資格。
✣ 1779.12	拿破崙和長兄約瑟夫前往法國就學。
✣ 1781	拿破崙二妹寶琳出生。
✣ 1782	拿破崙小妹卡洛琳出生。
✣ 1783.9.3	英美簽署巴黎和約，結束美國獨立戰爭。
✣ 1784	拿破崙小弟傑霍姆出生。
✣ 1785.2	拿破崙父親卡羅因胃癌去世。
✣ 1789.4	拿破崙在歐克索納壓制革命行動。
✣ 1789.5.5	路易十六召開三級會議。
✣ 1789.7.14	法國大革命爆發，路易十六與家族遭到囚禁。
✣ 1791.4	拿破崙升為副官。
✣ 1791.6.20	路易十六全家出逃失敗。
✣ 1791.7.4	拿破崙宣誓效忠共和國。
✣ 1791.10.1	立法會議組成，立憲君主派與民主派僵持不下。
✣ 1792	第一次反法同盟成立。
✣ 1792.4.20	吉倫特內閣迫使路易十六對奧地利宣戰。
✣ 1792.5.15	法國對薩丁尼亞開戰。

左岸人物　216

拿破崙：法蘭西人的皇帝

NAPOLEON: A LIFE

作　　者　保羅・約翰遜（Paul Johnson）
譯　　者　李怡芳
總 編 輯　黃秀如
特約編輯　劉佳奇
美術設計　黃暐鵬

社　　長　郭重興
發行人暨出版總監　曾大福
出　　版　左岸文化事業有限公司
發　　行　遠足文化事業有限公司
231新北市新店區民權路108-2號9樓
電　　話　（02）2218-1417
傳　　真　（02）2218-8057
客服專線　0800-221-029
E-Mail　service@bookrep.com.tw
網　　站　http://blog.roodo.com/rivegauche
法律顧問　華洋法律事務所　蘇文生律師
印　　刷　成陽印刷股份有限公司
初　　版　2015年2月

定　　價　280元

ISBN　978-986-5727-15-4

拿破崙：法蘭西人的皇帝／保羅・約翰遜（Paul Johnson）作；李怡芳譯.
－初版.－新北市：左岸文化出版；遠足文化發行，2015.02
面；　公分.－（左岸人物；216）
譯自：Napoleon : a Life
ISBN　978-986-5727-15-4（平裝）
1.拿破崙（Napoleon I., Emperor of the French, 1769-1821）2.傳記
784.28　　103025599